历史的印记

苑晓光 著 —— 廊坊地区重要考古
发现与研究

文明曙光

方国遗风

燕南沃土

幽野风韵

边关烟云

京畿辅地

中国社会出版社
国家一级出版社·全国百佳图书出版单位

图书在版编目（CIP）数据

历史的印记：廊坊地区重要考古发现与研究 / 苑晓光著． -- 北京：中国社会出版社，2023.6（2024.8重印）
ISBN 978-7-5087-6907-3

Ⅰ．①历… Ⅱ．①苑… Ⅲ．①考古发现－廊坊 Ⅳ．① K872.223

中国国家版本馆 CIP 数据核字（2023）第 118816 号

历史的印记——廊坊地区重要考古发现与研究

出 版 人：程　伟
终 审 人：李新涛
责任编辑：马潇潇
策划编辑：马潇潇
责任校对：刘海飞
封面设计：时　捷
出版发行：中国社会出版社
　　　　　（北京市西城区二龙路甲 33 号　邮编 100032）
印刷装订：永清县晔盛亚胶印有限公司
版　　次：2023 年 6 月第 1 版
印　　次：2024 年 8 月第 2 次印刷
开　　本：170mm×240mm　1/16
字　　数：180 千字
印　　张：11.75
定　　价：65.00 元

版权所有·侵权必究（法律顾问：北京玺泽律师事务所）
凡购本书，如有缺页、倒页、脱页，由营销中心调换。
客服热线：(010) 58124852　投稿热线：(010) 58124812　盗版举报：(010) 58124808
购书热线：(010) 58124841；58124842；58124845；58124848；58124849

前 言

许多接触我的人知道我从事文物工作，都会好奇地发问：廊坊是一座新兴的城市，能有什么历史？对此，我会简单地作一些介绍，其实心中是有一些惭愧的，觉得我们的宣传工作没有做到位。

1964年4月，天津市文化局考古发掘队对大厂回族自治县（当时属天津专区，由河北省和天津市双重领导）大坨头遗址进行了试掘，揭示出燕山南麓一组崭新的青铜文化，它既不同于中原的夏商文化，也不同于燕山迤北的夏家店下层文化，从而引发学界广泛讨论。直至20世纪80年代末，随着新的考古材料的不断发现，韩嘉谷先生将这支文化命名为"大坨头文化"，之后被学界普遍接受。大坨头遗址的发掘，揭开了廊坊地区文物保护、研究工作的序幕。经过国家、河北省组织的几次大的文物调查，基本摸清了廊坊的历史脉络和文物底数。我们先后发掘了孟各庄、刘白塔、北旺、太子务等新石器时代遗址，它们对于探寻中原与北方草原地带文化交流、中华早期文明的形成具有重要的价值。发掘了香河庆功台、安次西永丰等重要遗址和墓葬，获得了一批丰厚的出土文物和历史资料。此外，还发现了一大批诸如战国燕长城、宋边关地道、大辛阁石塔、隆福寺长明灯楼、大运河（廊坊段）等珍贵文化遗产，其中既有国保单位，又有世界文化遗产，是中国璀璨历史文化的重要构成。

在庆祝中国共产党成立95周年大会上，习近平总书记明确提出坚定文化自信，并将其纳入中国特色社会主义"四个自信"。在党的十九大报告中又指出："文化是一个国家、一个民族的灵魂。文化兴国运兴，文化强民族强。没有高度的文化自信，没有文化的繁荣兴盛，就没有中华民族伟大复兴。"在庆祝中国共产党成立100周年大会上，习近平总书记号召"把马克思主义基本原理同中国具体实际相结合、同中华优秀传统文化相结合"。党的二十大报告，习近平总书记更是用整整一个部分讲述"推进文化自信自强，铸就社会主义文化新辉煌"，并再次强调"坚持和发展马克思主义，必须同中华优秀传统文化相结合"。报告全文32522字，"文化"一词出现58次，凸显在实现中华民族伟大复兴的历史征程中，文化所发挥的重大作用。

中华文明源远流长、博大精深，是中华民族独特的精神标识，是当代中国文化的根基。习近平总书记高屋建瓴，在多个场合多次针对文物工作发表重要讲话，作出重要指示批示，文物考古工作受到前所未有的重视，文物考古事业迎来更好的发展时代。很庆幸，自己赶上了这个时代。也常想，应该把廊坊的考古成果加以整理，向大众推介，于是萌生了写这本书的想法。

本书共分为六个章节，以时代为序，对历年来廊坊地区发现的重要文化遗存进行介绍，其中有笔者的学术研究观点，也有对文物内涵的深入挖掘和解读，每个章节穿插一些相关的专题讨论，还有一些与廊坊有关的历史人物介绍。全书既追求学术的严谨，又兼顾通俗的表达，用考古学的视角将廊坊的历史娓娓道来，以求能被大众接受。

本书所称"廊坊地区"，泛指三河市、大厂回族自治县、香河县、广阳区、安次区、廊坊经济技术开发区、永清县、固安县、霸州市、文安县、大城县这一区域，虽与廊坊市的行政区划相符，但更偏重于地理的范畴，而非行政的概念，故采用"地区"一词，在此作一说明。

苑晓光

2022年11月

目 录

第一章 文明曙光（新石器时代 距今约12000—4000年）

第一节　廊坊的地形、地貌 …………………………… 1
第二节　史前遗迹的发现与研究 ……………………… 2
第三节　廊坊地区史前环境研究 ……………………… 20
第四节　自然环境对文化发展的影响 ………………… 23
第五节　文化源流及特征 ……………………………… 25

第二章 方国遗风（夏 商 西周 前2070—前771年）

第一节　重要考古发现与研究 ………………………… 28
第二节　关于金臂钏 …………………………………… 36
第三节　廊坊地区夏商西周时期出土陶鬲研究 ……… 43
第四节　廊坊地区夏商西周时期的文化格局 ………… 47

第三章 燕南沃土（战国 秦 汉 北朝 前475—581年）

第一节　建置沿革 ……………………………………… 53
第二节　重要考古发现 …………………………………… 56
第三节　铁器的发明和奴隶制向封建制的转变 ………… 74
第四节　廊坊社会经济的第一次繁荣 …………………… 77
第五节　重要历史人物 …………………………………… 79

第四章 幽野风韵（隋 唐 五代 581—960年）

第一节　建置沿革 ……………………………………… 81
第二节　重要考古发现 …………………………………… 83
第三节　董满墓出土神煞俑考 …………………………… 95
第四节　中国北方瓷业的兴起与廊坊地区早期瓷器的出土 … 98
第五节　重要历史人物 …………………………………… 108

第五章 边关烟云（宋 辽 金 960—1279年）

第一节　建置沿革 ……………………………………… 110
第二节　重要考古发现 …………………………………… 111
第三节　宋辽战争与永清边关地道 ……………………… 132
第四节　西永丰辽墓出土木椅与中国古代坐具的演进 … 138
第五节　重要历史人物 …………………………………… 147

第六章　京畿辅地（元 明 清 1271—1911 年）

第一节　建置沿革 ························· 152
第二节　重要考古发现 ····················· 154
第三节　廊坊与中国大运河 ················· 168
第四节　重要历史人物 ····················· 172

后　记 ································· 176

第一章 文明曙光

（新石器时代 距今约12000—4000年）

河北省廊坊市北倚燕山，南抵子牙河畔，早在8000多年前的新石器时代，就留下了祖先们行走的足迹。此后的4000余年里，居于南北不同地域、秉承着不同文化的远古先民，在这里聚集繁衍，生生不息。他们临水结庐，狩猎采集，制陶磨石为器，用勤劳和智慧，迎来了廊坊古代文明史上的第一缕晨曦。

第一节 廊坊的地形、地貌

廊坊市地处河北省中部偏东，北倚燕山，西近太行山，东临渤海湾，南向广阔的冀中平原。海河水系的北运河、潮白河、鲍丘河、泃河、永定河、大清河、子牙河等河流在本市流过。廊坊市以平原为主，平均海拔13米。地势整体北高南低，从北、西、南三面向天津海河下游斜倾。三河市东北部为燕山余脉低山丘陵；在山地丘陵西部和南部，沿燕山南麓，呈东西带状分布着山麓平原；再往南沿香河县中部和南部及至廊坊市中、南部地区，全部为冲积平原区。文安洼位于大清河南部，东淀位于大清河北部。洼淀面积占全市总面积的12.3%。在平坦的冲积平原上，河流地貌发育，河道纵横，遗留大量古河道。由于洪积、冲积作用和河流多次决口改道淤积，沉积物交错分布，加上风力及人为活动的影响，境内地貌差异性较大，缓岗、洼地、沙丘、小型冲积堆等遍布，全市地貌呈现大平小不平状态①。

第二节　史前遗迹的发现与研究

新石器时代的基本特征是农业、畜牧业的产生和磨制石器、陶器、纺织的出现，其中陶器的出现是新石器时代开始的标志②。

廊坊北倚燕山，众多的河流从境内穿过，为古代人们的生存提供了必要的条件。在北部的洵河流域、中部的永定河流域、南部的大清河流域，都有新石器时代遗址被发现。目前经过正式发掘的新石器时代遗址有：三河市孟各庄遗址③、刘白塔遗址④、安次区北旺遗

---

① 张利利.廊坊第四纪地层划分与对比研究[D].武汉：中国地质大学，2012：8-9.
② 中国大百科全书编辑委员会.中国大百科全书·考古学[M].北京：中国大百科全书出版社，1986：477.
③ 河北省文物管理处，廊坊地区文化局.河北三河县孟各庄遗址[J].考古，1983（5）.
④ 廊坊市文物管理处，三河县文物管理所.河北三河县刘白塔新石器时代遗址试掘[J].考古，1995（8）.
廊坊市文物管理处.河北三河县刘白塔新石器时代遗址第二次试掘[J].文物春秋，2004（2）.

址^①和文安县太子务遗址^②。

一、孟各庄遗址

孟各庄遗址位于三河市北部的孟各庄村，沟河东岸的高台地上，东北1.5千米即是燕山余脉——灵山。遗址原是一脉沙丘，因长期受河道改迁、河水冲刷的侵蚀，濒临沟河的西部已不复存在，现存面积约有10000平方米。1979年5—7月，河北省文物管理处等单位对遗址进行了勘探、试掘，试掘面积150平方米。新石器时代文化层分为两层，发掘者将其称为第一期文化和第二期文化。

孟各庄遗址的房子：

第一期文化发现房基两座。

F1[③]直接挖在生土之上，为方形半地穴式，北壁长4米，西壁和南壁长4.6米，东壁长4.8米。居住面四周共有柱洞16眼，即四隅各1眼，每边3眼，居住面中部被灰坑[④]破坏，似应有中柱，屋盖应为四坡顶。门开在南面，门道为斜坡形。居住面的做法是在挖成半地穴后，在平整的生土面上散撒细土，再燃火烘烤。灶址位于中部，灶台周围放置若干陶器（如图1-1所示）。

---

① 廊坊市文物管理处.廊坊北旺遗址发掘报告［J］.文物春秋，2010（1）.
② 廊坊市文物管理处.文安县太子务新石器时代遗址试掘简报［J］.文物春秋，2014（2）.
③ F是考古学中遗迹单位房屋的符号，F1是指编号为F1的房屋。
④ 灰坑是考古发掘中常见的遗迹单位，古代人们利用废弃的窖穴、水井或取土坑倾倒垃圾而形成，灰坑中包含当时人们的生活遗物，是判定遗迹时代、研究古代人们经济生活的重要资料。

| 历史的印记

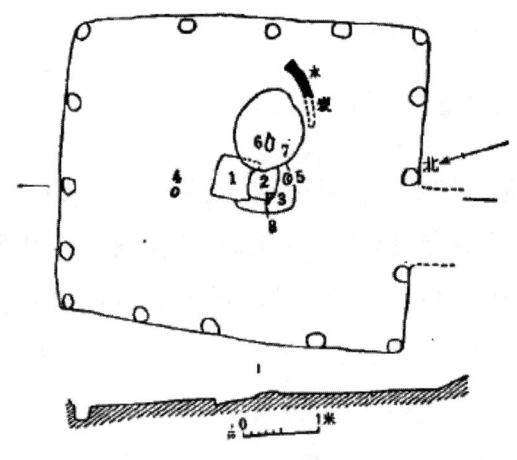

图1-1　F1平面图

孟各庄遗址的生产工具：

第一期文化出土的生产工具很少，仅有磨光石斧、石凿和细石器[①]等。第二期文化以磨制石器为主，其次有琢制石器、细石器和少量打制石器，器类和数量较第一期文化都有增加。

石斧
新石器时代
长14厘米　宽10厘米　厚3.5厘米
1978年三河市孟各庄遗址出土

石斧是远古人类的重要生产工具，横向装柄使用，主要用于砍伐树木，也用于加工竹、木器，分割食物等。

---

① 细石器是指以间接打击或压制技术产生的特别细小的石器。通常镶嵌在骨、木质的柄、杆上，充作刀、匕首、投枪、渔叉、箭、矛等复合工具的尖或刃部使用。出现于旧石器时代晚期，流行于中石器时代或新石器时代初期。

第一章 文明曙光

石耜
新石器时代
长26.5厘米 宽14厘米 厚2.3厘米
1978年三河市孟各庄遗址出土

石耜是一种竖向装柄的掘土工具，使用时利用脚力和臂力将耜冠插入土中，利用杠杆原理，下压木柄，撬起泥土。石耜在史前文化遗址中经常被发现，一般认为它与农业生产有关。

石磨盘、石磨棒
新石器时代
磨盘长52.5厘米 宽24厘米
中部厚6.5厘米
磨棒残长20厘米 直径6厘米
1978年三河市孟各庄遗址出土

石磨盘是在旧石器时代晚期随着采集的高度发展而出现的，到新石器时代早、中期发展到顶峰。中国境内发现的石磨盘、石磨棒主要分布在北起黑龙江，南到河南，西始新疆，东至山东的北方广大区域，大致与粟类种植区域吻合。

石磨盘、石磨棒最初的主要功能是加工植物果实根茎、植物纤维，随着社会发展、农业的出现、手工业的进步，其功能日渐增多，如加工谷物、研磨颜料、搓揉捶打麻线或加工动物皮革等。

孟各庄遗址的生活用具：

第一期文化出土的生活用具以粗砂陶为主，皆为手制，有罐、碗、钵、盂、异形器等（如图1-2所示）。第二期文化堆积比第一期稍厚，出土遗物也较为丰富，可视为孟各庄遗存的发展时期。生活用具仍以陶器为主，基本特征与第一期文化相似，新出的器型有刮条纹罐、正倒平行线划纹碗、红顶碗等（如图1-3、图1-4所示）。

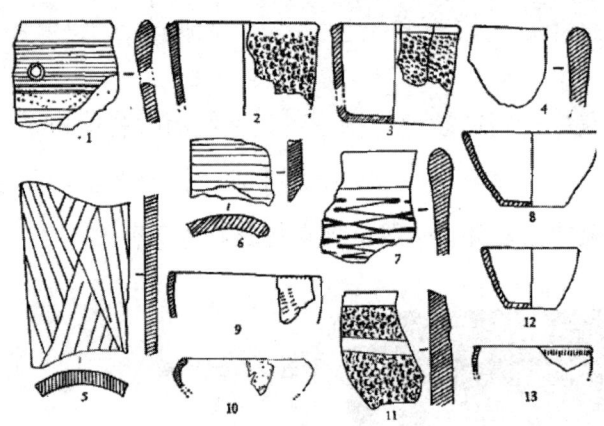

图1-2　一期陶器
1.直口深腹罐　2、3、11.硬胎罐　4、7.罐
5、6.异形器　8、10、12.碗　9、13.盂

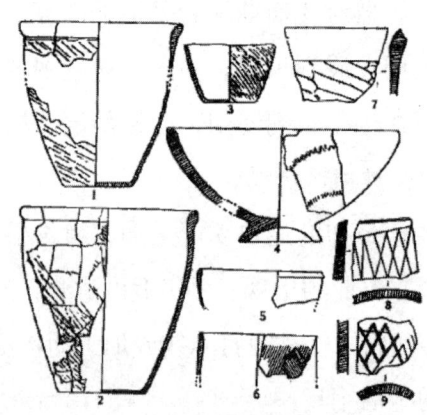

图1-3　二期陶器
1、2、7.罐　3.盆　4.碗　5.钵　6.盂　8、9.异形器

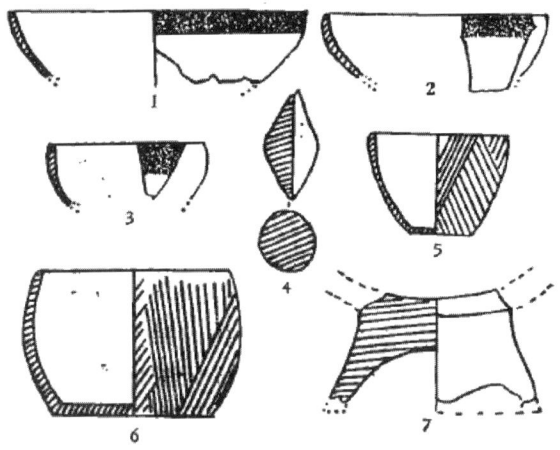

图 1-4　二期陶器

1~3.钵　4.枣核形器　5.碗　6.盂　7.圈足

划纹夹砂褐陶碗

新石器时代

高8.5厘米　口径11.5厘米　底径4.5厘米

1979年三河市孟各庄遗址出土

褐陶碗

新石器时代

高11.5厘米　口径21.3厘米　底径10.3厘米

1978年三河市孟各庄遗址出土

孟各庄遗址坐落在山前两河交叉的台地上，获取制作工具的石料及用水都十分方便，有利于古人的生活和劳作。出土的石斧、石磨盘、石磨棒和石耜等石质工具，证明原始农业已经成为当时重要的经济产业；而较多的细石器以及兽骨、野核桃的发现，表明狩猎、采集经济也占有一定比例。陶器完全手制，具有原始性；少量"红顶碗"的出现，说明在遗址的晚期阶段古人已能较好地控制火候，运用氧化、还原的原理烧出比较进步的器类。

孟各庄遗址文化内涵比较复杂，发掘者根据地层叠压关系及文化特征将遗址分为第一、第二两个文化期。第一期文化的陶系比例、火候，有篦纹无彩陶，具有两端磨刃石斧等特点，和中原地区的磁山文化[1]、裴李岗文化[2]相似；直壁陶盂形制和磁山遗址同类器更为接近；而以夹砂红褐陶为主，直壁圆唇深腹筒形罐、无彩陶、端粗尾细的篦纹，以及细石器与打制、磨制石器共存的特征，与东北辽河流域的沈阳新乐第一期文化[3]的若干因素接近。第二期文化的"红顶碗"、折沿大口罐和仰韶文化后冈类型[4]相同或相似；缺乏泥质红陶和彩陶、多夹砂褐陶、石耜、细石器中的三角形石镞、短而窄的叶形细石片，石耜锋端呈三角形以及细石器和打制、磨制石器并存等现象，和北方红山文化[5]接近。根据以上特点，发掘者将这类遗存

---

[1] 河北省文物管理处，邯郸市文物保管所.河北武安磁山遗址[J].考古学报，1981（3）.
[2] 李友谋，陈旭.试论裴李岗文化[J].考古，1979（4）.
安志敏.裴李岗、磁山和仰韶——试论中原新石器文化的渊源及发展[J].考古，1979（4）.
[3] 沈阳市文物管理办公室.沈阳新乐遗址试掘报告[J].考古学报，1978（4）.
[4] 梁思永.后冈发掘小记[A].梁思永考古论文集[C].北京：科学出版社，1959.
中国科学院考古研究所安阳发掘队.1958—1959年殷墟发掘简报[J].考古，1961（2）.
中国科学院考古研究所安阳发掘队.1971年安阳后冈发掘简报[J].考古，1972（3）.
[5] 尹达.关于赤峰红山后的新石器时代遗址[M]//尹达.新石器时代.北京：生活·读书·新知三联书店，1955.

暂称为"孟各庄类型"①。有不少学者对孟各庄遗存进行了研究,金家广在分析了该遗址出土遗物的特点之后,认为孟各庄第一期受到了磁山文化、新乐第一期文化和土珠子下层文化的影响,而孟各庄第二期则是受到了仰韶文化后冈类型和红山文化的影响②。霍东峰将孟各庄早期遗存归入东寨类型,晚期则归入上宅文化③。韩嘉谷将孟各庄遗址早期部分遗存和上宅一期、青池一期看作是一个独立的考古学文化,称为青池一期类型④。

审慎梳理孟各庄遗址地层、遗迹打破关系和器类形态,分为三期较为合理。以T12③:23⑤夹砂褐陶三段复合纹的深腹筒形罐为代表的第一期遗存,和北京平谷上宅遗址⑥第⑧层、天津蓟州青池遗址⑦一期文化面貌相同,这类遗存包含兴隆洼文化⑧和北福地一期文化⑨两种文化因素,目前学界对其认识不尽相同,考虑到深腹筒形罐依然是它的主体文化因素,我们暂且把它归到兴隆洼文化。根据上宅遗址第⑧层木炭标本年代测定数据,这部分遗存的年代距今约8000年;孟各庄遗址中的晚期遗存,和上宅遗址⑦~④层文化面

---

① 河北省文物管理处,廊坊地区文化局.河北三河县孟各庄遗址[J].考古,1983(5):414.
② 金家广.孟各庄新石器时代遗存的初探[J].考古,1983(5).
③ 霍东峰.环渤海地区新石器时代考古学文化研究[D].长春:吉林大学,2010:88,95.
④ 韩嘉谷,纪烈敏.论蓟县青池新石器时代遗存的混合型文化[J].考古,2014(4).
⑤ T是考古发掘中探方(沟)的代表符号,①②③……表示地层的层位,T12③:23是指探方T12填土第③层中编号为23的器物。
⑥ 北京市文物研究所,北京市平谷县文物管理所上宅考古队.北京平谷上宅新石器时代遗址发掘报告[J].文物,1989(8).
⑦ 天津博物馆,天津市文化遗产保护中心.天津蓟县青池遗址发掘报告[J].考古学报2014(2).
⑧ 中国社会科学院考古研究所内蒙古工作队,中国科学院植物研究所.内蒙古敖汉旗兴隆洼遗址发掘简报[J].考古,1985(10).
⑨ 河北省文物研究所.北福地——易水流域史前遗址[M].北京:文物出版社,2007.

貌相同，属于上宅文化，距今7500~6500年；在这一地区的兴隆洼文化和上宅文化之间，出土器物有不小的区别，应该存在着发展的缺环，而孟各庄遗址中包括H1∶11[①]直口深腹罐、T1H2∶1硬胎罐、T13③∶9碗、T13③∶10异形器等器类的第二期遗存，和青池二期、北埝头F5[②]等遗存文化面貌相同，可视为这一地区介于兴隆洼文化和上宅文化之间的过渡阶段遗存。

孟各庄遗址陶器贯穿始终的夹砂陶深腹罐、平底盂、碗、支脚，在器形、纹饰等方面，分别包含有属燕山北麓兴隆洼文化因素的三段式复合纹深腹筒形罐、敛口弧腹盂、圈足碗，和属太行山东麓北福地一期文化因素的支脚、直口平底盂等，体现出两种文化对此区域的影响及在此的融合，也开启了廊坊地区新石器时代文化的先河。

二、北旺遗址

北旺遗址位于广阳区北旺村东偏南。2007年抢救性发掘，开5米×5米探方7个。出土陶器有夹蚌陶和泥质陶两类，以夹蚌陶居多，陶色以灰褐、灰黑为主，纹饰有压划弦纹、几何纹、细竖刷划纹、戳印点纹等，制法均为手制，器类有平底盆、器盖和支脚等（如图1-5、图1-6所示），陶支脚与陶盆是最常见的炊器组合。生产工具以麋鹿角为原料加工而成的舌形器居多，另有复合工具曲尺形器等。有少量磨制小型石斧、凿和琢制磨棒、砺石等。骨器仅见磨制的镞。

[①] H是考古学中遗迹单位灰坑的代表符号。
[②] 北京市文物研究所，等.北京平谷北埝头新石器时代遗址调查与发掘［J］.文物，1989（8）.

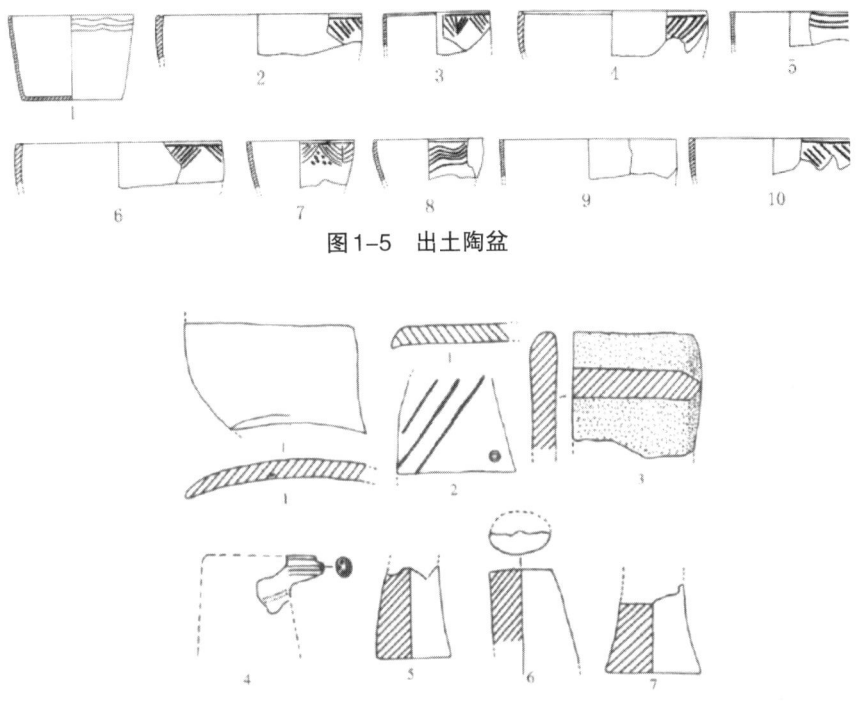

图1-5 出土陶盆

图1-6 出土陶器盖、支脚等
1、2.器盖 3.陶片 4~7.支脚

倒靴形支脚
新石器时代
高14厘米 面长17厘米 底径14.8厘米
2007年广阳区北旺遗址出土

所谓支脚，就是在烧饭时支在釜、罐等一类炊器底下的三个分开的物体，其作用是为了在炊器下面形成一定的空间以便于烧火。最早的支脚可能采用天然的石头。在新石器时代早期的河姆渡文化中，曾发现过一些与支脚形状类似的石块，一侧有烟熏的痕迹。与石头相比，陶器的原料黏土具有可塑性，能够很容易地按照实际需要做成合适的形状，所以在新石器时代早期，人们发明并更为广泛地使用陶支脚。

陶支脚的分布范围大体在蒙古高原以南、黄土高原和云贵高原以东的广大平原和丘陵地区，它和新石器时代陶鼎的分布基本一致，形成一个陶支脚——陶鼎文化圈。陶鼎产生以前，曾经有一个用陶釜和支脚作为主要炊器的时代；陶鼎发明后，陶支脚仍然被使用了一段时间，最后才完全被陶鼎所取代①。

夹蚌黑褐陶盆
新石器时代
高7.5厘米　口径11.5厘米　底径9厘米
2007年广阳区北旺遗址出土

北旺遗址出土了数量较多且比较完整的角器，多是以麋鹿角为原料加工制成，一类似耒，以主枝前段为器身，前端砍削出斜尖刃，保留部分主枝和第一枝的前段作为握柄，用来挖掘植物根茎或做成狩猎的复合工具，也可能用于挖坑播种；一类曲尺形器，是在斜面处捆绑石斧等器类的复合型工具；另有锥和带加工痕迹的骨料。

北旺遗址地层为湖沼相沉积，出土了较多的喜水食草动物骨骼、牙齿及角，大型的有水牛，中小型的有麋鹿、梅花鹿、斑鹿、獐等，水族动物有中华圆田螺、河蚌等，表明此地当时应为多水的湖沼湿地环境。由于距离山体较远，石料缺乏，石器的数量、器类较少，

---

①　严文明.中国古代的陶支脚[J].考古，1982（6）：628.

少数为二次利用，制作技术也较为粗糙。部分陶片用来缀合的穿孔较为普遍，说明居民烧制陶器较为困难。形体小而轻薄的石斧，不适于大规模砍伐、播种，不见石铲、耜、磨盘、磨棒等农具和粮食加工工具。而角器出土数量较多，根据器形观察，舌用于挖掘植物根茎或为复合型狩猎器具的功能，多于挖坑播种，轻细的曲尺形复合工具难适用于耕种。遗址出土较多被敲断的动物骨骼，居民应有敲骨吸髓的习俗。从以上自然地理环境及出土遗物特征分析，遗址应是人类在河间高地的居住点，居民的生业以狩猎为主，不善农耕，遗址可能只是供人们狩猎、采集的季节性生产活动的居住地，缺乏长期定居的条件。

北京大学加速器质谱实验室对遗址样本作了碳-14年代测定：1号T0104②动物骨骼7595±40BP[1]；2号T0201②木炭6780±35BP；3号T0102②木炭6795±40BP。据此我们将北旺遗址的年代定为距今8000~7000年。

北旺遗址出土陶器以盆（盂）类和支脚为主，整体特征与易县北福地一期文化相近，但二者也存在一定的差异。生产工具方面表现得尤为突出，北旺遗址出土石器很少，未见细石器，而角器工具相对发达，是遗址的代表性器物。这些差异应是所处地域的自然生态环境和生产方式、生活习惯不同所致。

与北旺遗址文化面貌相同的遗址还有河北易县、涞水遗址[2]、易

---

[1] BP是英文Before Present的缩写，距今的意思，是地质学、考古学等学科使用的一种年代标记法，用于表示放射性碳-14定年法所估测之绝对年代。
[2] 拒马河考古队.易县涞水古遗址试掘报告[J].考古学报，1988（4）.

县北福地遗址[①]、容城上坡遗址[②]、安新梁庄遗址[③]等。

三、刘白塔遗址

遗址位于三河市刘白塔村东，洵河南岸的台地上，对岸为天津市蓟州区，顺洵河北上10余千米即为孟各庄新石器时代遗址。1984年发现，1991年、2001年两次试掘。第一次试掘开10米×2米探沟2条、5米×5米探方2个，第二次试掘开5米×5米探方2个，两次试掘共清理灰坑4个，出土石器、陶器等遗物。其与孟各庄遗址相距甚近，但文化面貌迥然不同，最主要的区别是泥质陶占绝大多数，红顶器发达。

出土石器：有磨制石器和细石器两类。器型有斧、铲、磨棒、磨盘、敲砸器、刮削器、石叶、镞等。

出土陶器：第一次试掘出土陶器以泥质陶为主，间有少量夹砂陶和数量不多的夹蚌陶。多数陶器为手制，少部分经慢轮修整及把内壁抹平。夹砂陶以红褐陶为主，其次有红陶、黑褐陶，夹蚌陶有红陶、褐陶等。器型有罐、釜、盂、盆、碗、鼎足等。纹饰以划纹居多，其次为压印纹、戳印纹和少量篦纹。泥质陶以红陶占多数，其次为细泥红陶和泥质灰陶，器型有盆、碗、钵、罐等，以红顶碗、钵数量最多，此外还发现有器流、鏊、小口壶口沿等残片。纹饰以

[①] 樊书海.易县北福地新石器时代遗址[M]//中国考古学会.中国考古学年鉴1997.北京：文物出版社，1999.

河北省文物研究所.河北易县北福地史前遗址的发掘[J].考古，2005（7）.

河北省文物研究所，保定市文物管理处，易县文物保管所.河北易县北福地新石器时代遗址发掘简报[J].文物，2006（9）.

[②] 河北省文物研究所，保定市文物管理处，容城县文物保管所.河北容城县上坡遗址发掘简报[J].文物春秋，1999（7）.

[③] 保定地区文物管理所，河北安新县文化局，河北大学历史系.河北安新县梁庄、留村新石器时代遗址试掘简报[J].考古，1990（6）.

弦纹为主，多施以盆、碗的口沿下。第二次试掘出土陶质以泥质陶为主，夹砂陶次之，夹蚌陶极少。泥质陶均掺蚌粉末，烧制火候高，器形规整，多数陶土细腻，少数细泥陶器表有光泽。多泥质红陶，灰胎或黑胎，红顶器突出，唇下内壁亦呈红色，另有极少的泥质灰陶。器类以碗、钵为主，另有盆。碗、盆外壁唇下常饰一周凹弦纹或凸棱，个别钵、碗壁薄并经修整，多平底器，极少圈足器。夹砂陶多呈黑褐或褐色，少见红褐色，器型多圆底釜，另有盂、深腹罐和极少的碗、器盖，器内壁抹平，烧制火候较高。夹蚌陶多呈灰色，器类有罐和盆（如图1-7所示）。

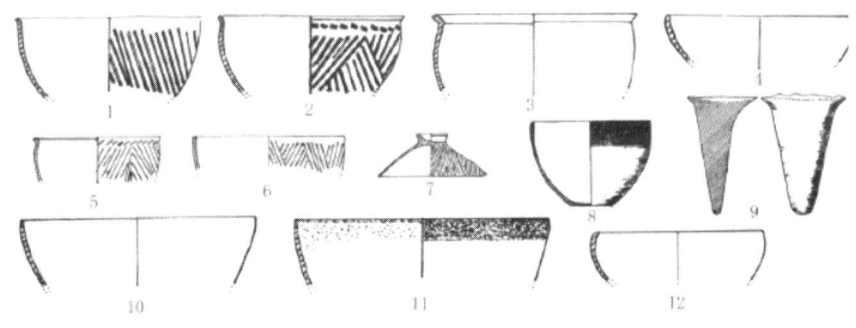

图1-7　出土陶器
1、2、3、5.夹砂陶釜　4、10、12.泥质红陶碗
6.夹砂褐陶盂　7.器盖　8、11.红顶钵　9.鼎足

细泥红顶钵
新石器时代
高20.5厘米　口径31.7厘米　底径9.2厘米
1991年三河市刘白塔遗址出土

| 历史的印记

划纹夹砂褐陶釜
新石器时代
高14厘米　口径21.5厘米
1991年三河市刘白塔遗址出土

刘白塔遗址出土的器型虽分釜、罐、碗、钵、盆等几类，但从形态上观察皆是口径大于底径，器身纵向的高度不及横向的宽度。相较于周边其他遗址，器类和纹饰都更为单纯，但这种单纯不等同于原始，恰恰相反，刘白塔出土陶器器形规整，烧造火候高，大都陶土细腻，个别钵、碗壁薄并经修整，少数细泥陶器表有光泽，体现了制陶工艺的进步。

刘白塔遗存以泥质红陶为主，红顶器突出，器类为夹砂、夹蚌折沿圜底釜、器盖、鼎和泥质红陶、红顶陶钵、碗、盆等，釜大都侈口折沿，少数器表有浅细的刷抹痕，泥质陶碗、钵、盆器表唇下常见一周凹弦纹和一周凸棱，炊具是以釜、鼎为代表的器类组合，整体特征与太行山东麓北福地二期文化[①]（也称镇江营一期文化[②]）相同。应该注意到，它与北福地二期文化相比也有自身的特点，正倒平行线组成的划纹与周边的孟各庄和上宅等遗址存在相似之处，它是北福地二期文化向东发展最靠近北方筒形罐文化系统的一处遗址，存在的差异应该是孟各庄遗址中兴隆洼文化和上宅文化早期因素的影响造成的。同时，这种影响是双向的，在上宅文化中同样能看到刘白塔因素的融入。参考北福地、镇江营等遗址的碳-14年代测定

---

① 河北省文物研究所.北福地——易水流域史前遗址[M].北京：文物出版社，2007.
② 北京市文物研究所.镇江营与塔照[M].北京：中国大百科全书出版社，1999.

数据，刘白塔遗址的年代为距今7300~6800年。

四、太子务遗址

太子务遗址位于文安县孙氏镇太子务村东南，俗称"南台子"，面积约70000平方米。2009年第三次全国文物普查时发现，2013年试掘，试掘总面积143.25平方米。

太子务遗址出土的陶器可分为泥质陶、夹蚌陶、夹砂灰陶三类。泥质陶有红陶、灰陶、褐陶和红顶陶，以素面红陶数量居多，彩陶数量次之；夹蚌陶有红陶、褐陶、灰陶；夹砂灰陶只发现少量器物残片。泥质红陶器胎体细腻，质地坚硬，部分器表磨光，器型有碗、钵、盆、罐、壶、鼎、陶环等，多素面无纹饰，少数口沿下涂红、褐或黑色彩带。泥质灰陶器型有碗、钵、罐、陶环，部分饰绳纹、蓝纹、刻划纹、附加堆纹。夹蚌陶、夹砂灰陶质地粗糙，器型主要有碗、盆、罐、缸、壶、鬲等，纹饰主要有绳纹、戳印纹、弦纹、划纹（如图1-8、图1-9、图1-10所示）。除陶器外，试掘中还出土少量的石斧、石镞、蚌刀、蚌匕、骨锥和牙饰。

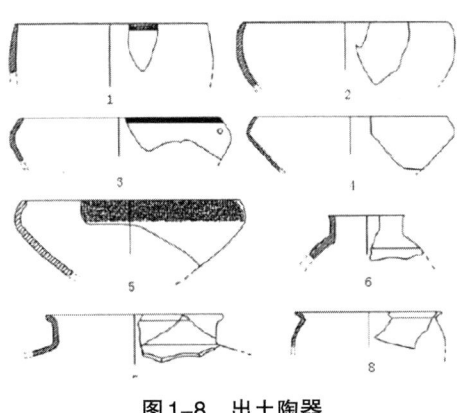

图1-8 出土陶器
1、2.碗 3~5.钵 6~8.罐

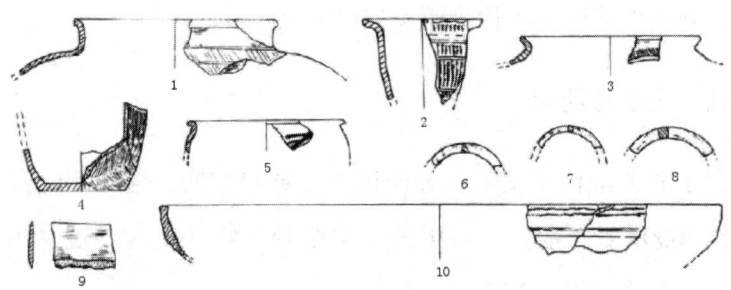

图1-9　出土陶器
1~4.罐　5、10.盆　6~8.陶环　9.陶刀

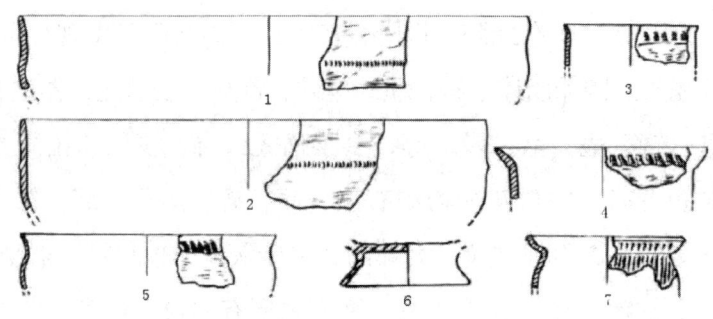

图1-10　出土陶器
1、2.缸　3~5.罐　6.圈足　7.鬲

文安洼是海河流域的一个古老洼淀，全新世中期高海平面退下后，在遗留下来的滨海潟湖洼地的基础上，又被后期古河道高地堵塞形成。它北起大清河，南到白马河，东靠子牙河，西界古洋河，历史上洪涝灾害频发，有十年九涝之说。太子务遗址就处于古文安洼边沿地带，从发现的鼎足、鬲足、鬲口沿判断，炊器经历了"鼎→鬲"的发展演变，出土的网坠、蚌器表明渔业经济仍然是当时重要的经济形式。

根据地层厚度、土壤结构及包含物分析，遗址试掘的部分并非原生地层，而是洪水冲荡原"南台子"顶部文化层后形成的次生堆积。由于缺乏可靠的遗迹间的叠压打破关系，只能通过与周边遗址出土物的特征进行比对，把太子务遗存分为两组。第一组包含ⅢT2①等地层的出土遗物，器型主要有碗、钵、鼎、缸、圈足器、夹蚌陶盆等，从器形、纹饰看，具有明显的后冈一期文化①特征；第二组包含H1以及部分地层的出土遗物，器型主要有鬲、罐、盆等，与后冈二期文化②面貌相同。2012年发表的太子务遗址调查简报根据文化层包含和地表采集的器物残片特征判定"遗址包含后冈一期和后冈二期文化两类遗存，分别属于仰韶时期和龙山时期"③，此次发掘印证了这一论断。根据后冈、镇江营子等遗址的碳-14年代测定，太子务遗址的年代为距今6700~4200年。

与旧石器时代相比，新石器时代人口数量剧增，出现许多大型的聚落，人们以氏族或胞族的形式聚居，聚落一般设有壕沟，由居住区、烧窑区、墓葬区、祭祀区等组成。工具不断进步，人们普遍使用磨制石器，石器形态更为规整，并日趋定型化。中、晚期有发达的穿孔工艺，能更好地装柄以制成复合工具，这些都提高了工具的效用。陶器出现，制陶业兴起，不仅使人类的定居生活更加稳固，也加速了生产力的发展。原始农业逐渐成为主要的经济部门，但狩猎和采集活动依然是重要的生产内容。各文化之间相互交流碰撞、取长补短，因地理位置及自然环境的差异，同一文化的不同地点存在着自己独特的风格，这在廊坊地区新石器时代遗址的面貌上得到很好的验证。

---

① 张忠培.原始农业考古的几个问题［J］.农业考古，1984（2）.
② 安志敏.我国新石器时代的仰韶文化和龙山文化［J］.历史教学，1960（8）.
③ 廊坊市文物管理处.文安县太子务新石器时代遗址调查简报［J］.文物春秋，2012（3）：18.

第三节　廊坊地区史前环境研究

中国的地貌在新生代第四纪的地质构造运动中成型。此后的两百万年间大的地质构造运动没有发生，但全新世以来气候变暖事件对近渤海的廊坊地区地貌的影响则是突出的。

末次冰期，大面积冰川在陆地积累，海水蒸发得不到补充，导致世界洋面大幅度降低，在距今15000年左右的最盛期，海面较现在低130米左右，中国东部海岸线在现今大陆架边沿地带，渤海地区是一片遍布湖沼的近海平原[①]。此后，气候逐渐变暖，冰川融化，海平面上升，中国东部沿海地区开始海侵，距今12000年时海岸到达黄海北部。全新世以后，伴随海平面的持续上升和渤海海域及其近岸坳陷地带的进一步沉降，距今9500年前后，海水进入渤海；距今8500年前后，达到现今海域范围；距今6000~5500年前后，海侵达到高峰，渤海西岸达武清—文安—南皮—盐山一线；而后，海水间歇性后退；距今5000年后，海岸回落到天津、黄骅、海兴一线，较现在海平面略高[②]。关于渤海西岸的海陆变迁，有不少学者进行了研究。王宏等人认为，冰消期海侵在约距今7000年达到最大范围，在现今海岸线以西50~90千米；在此以后，海面基本稳定于现代水平[③]。李建芬等人认为，在大约距今10000年时，渤海湾西岸的相对

[①] 曹家欣.第四纪地质［M］.北京：商务印书馆，1983.
[②] 张业成，胡景江，刘春凤.全新世以来渤海海岸变迁历史及未来发展趋势的初步分析［J］.中国地质科学院562综合大队集刊，1989（7，8）：217.
[③] 王宏，陈永胜，田立柱，等.渤海湾全新世贝壳堤与牡蛎礁：古气候与海面变化［J］.地质通报，2011，30（9）.

海平面变化带达到了–25米，随即以大约6米/1000年的平均速率上升，在距今6000年前后达到现代海面的高度[①]。不管研究结论数据有何偏差，全新世渤海海侵是实实在在发生的。

除海侵外，全新世温暖湿润的气候使降水量增多。据研究，海河流域6000年前全年降水量比现代高出140%[②]。加之气温升高冰川融化，河流的来水量增大，造成洪水泛滥。据谭其骧教授的考证，《山海经》的《北山经·北次三经》篇里，有很丰富的黄河下游河道资料，用这些资料和《汉书·地理志》《水经》及《水经注》记载相印证，就可以知道古黄河下游河道沿着今太行山东麓北流，东北流至永定河冲积扇南缘，折而向东，经今大清河北至天津入海[③]。除古黄河外，潮白河（古鲍丘河、沽河）、永定河（㶟水）、大清河（古滱水）等众多河流，在这一低平广阔的区域宣泄不畅，反复改道，致使湖泊、沼泽遍布。

进入全新世后，冰期结束，气候整体转暖，但在这种大的环境下干湿冷暖是交替变化的。根据对北京及河北东北部地区泥炭及孢粉的研究，通常把全新世分为早、中、晚三期，其中中全新世距今7500~2500年，又可以以距今5000年为界把中全新世分为早晚两段。在早全新世时期，植被是以松、桦、藜、蒿为主的森林草原景观，年平均气温较今偏低，但与晚更新世相比气温逐渐增高。至中全新世早段，植被面貌发生显著变化，栎、榆、胡桃、柳等温带落叶阔叶树种增加，并新出现了枫香、山毛榉等亚热带落叶阔叶树种；

---

① 李建芬，商志文，王福，等.渤海湾西岸全新世海面变化[J].第四纪研究，2015（2）：258.

② 梁幼林，王晓春，孔昭宸，等.逐步判别分析在恢复古气候中的应用[J].科学通报，1991（22）.

③ 谭其骧.《山经》河水下游及其支流考[J].中华文史论丛（第七辑），1978.

孢粉组合还发现大量水生、湿地植物孢粉，表明当时气候温暖、湿润，年降水量较早全新世增加，植被是以松、榆为主的森林草原景观。在距今5000年前后，即中全新世晚段，气候适宜程度达其高峰并开始走下坡路，孢粉资料显示，栎等阔叶喜温树种比例下降，暗示森林植被大幅减少。到晚更新世时期，针叶树种增加，阔叶树种减少，旱生草本和耐寒蕨类植物明显增加，气候向凉干方向发展。整个全新世气候变化总体趋势呈现为早期转暖，中期达到最暖，后期又转凉干的过程，最佳生态环境适宜期应在距今7500~5000年时期[1]。靳桂云对河北怀来太师庄泥炭剖面的孢粉和氧同位素进行分析，获得高分辨率的环境演化记录：距今5700~5400年，环境特点是凉湿，发育以针叶林为主的针阔混交林植被；距今5400~4800年，环境特点比较温暖湿润，发育落叶阔叶林和针阔混交林植被；距今4800~4200年，总的趋势是气候转向冷干，植被显著减少，发育针叶林植被[2]。孔昭宸等人在北京地区全新世环境演变的研究中发现，从冷干期到温暖湿润期的植被演化过程基本是针叶林—针阔混交林—阔叶林，北京平原的温暖期为距今7500~2500年[3]。这些研究结论基本上是一致的。

在全新世大暖期，还有若干短期冷干事件的发生[4]，这些也对人类产生着极其重要的影响。

---

[1] 张晓峥.试论河北东北部地区新石器时代遗址与生态环境的关系[J].文物春秋，2006（3）.
[2] 靳桂云.燕山南北长城地带中全新世气候环境的演化及影响[J].考古学报，2004（4）.
[3] 孔昭宸，杜乃秋，张子斌.北京地区10000年以来的植物群发展和气候变化[J].植物学报，1982，24（2）.
周昆叔，严富华，梁秀龙，叶永英.北京平原第四纪晚期花粉分析及其意义[J].地质科学，1978（1）.
[4] 同②③.

第四节　自然环境对文化发展的影响

自人类开始出现，人与自然的关系就一直相互影响演化。自然环境对人类文明不能起完全决定的作用，但其影响肯定是巨大的，尤其是在生产力低下的原始社会。

人类早期阶段以狩猎和采集为生，受地形、气候和动植物分布制约，人类不断迁徙，寻找适宜的生存之地。伴随着全新世的到来，气候变暖，降水量增加，动物兴旺，草木茂盛，为人类提供了更为广阔的生存空间。人们在生活实践中慢慢学会了栽培农作物、驯养家畜、建造房屋，定居下来。但此后的数千年时间里，气候波动、河流摆荡、海侵的发生，使地理构造不断发生变化，进而影响着人类生存与文化发展。在气候干凉阶段，河流处于相对稳定的状态，湖泊、沼泽地域较小，人类活动范围较大。距今8000年左右，以山东泰沂山系北侧山前地带为中心的后李一期文化[1]就曾到达燕山南麓，在天津蓟州弥勒院遗址[2]出土了和后李一期文化高度相似的陶釜，证明当时沿渤海西岸的南北通道尚且畅通。北旺遗址的发现，证明在早全新世，古黄河和古永定河之间的河间高地还可供太行山东麓至渤海湾西岸的人类迁徙。而全新世大暖期持续发展导致冰川消融、河流水量大增，海侵和洪涝灾害使人类生存空间缩小，人类只能在不受洪水威胁、地势较高的山前冲积扇顶部和边缘的丘岗、

---

[1] 王永波，王守功.海岱地区史前考古的新课题——试论后李文化[J].考古.1994（3）.
[2] 梁宝玲.蓟县下埝头、弥勒院新石器时代遗址［M］//中国考古学会.中国考古学年鉴.北京：文物出版社，1989.

梁宝玲.蓟县弥勒院遗址发掘［J］.天津市历史博物馆馆刊，1994（4）.

台地上居住、劳作。孟各庄遗址、刘白塔遗址都处于这样的地貌条件下。自然地理环境的恶化，极大地阻碍了文化的发展：北福地二期文化最多能沿着太行山—燕山山麓到达三河；而上宅文化延续千年，也未能走出燕山台地；发达的后冈一期文化、后冈二期文化遗址在廊坊及周边地区少见；红山文化也只能穿过燕山谷地从燕北到达燕南，而无法再继续向前推进。崔建新等人通过对文化序列与气候序列对比发现，文化发展很大程度上受到气候条件的制约，从文化分布空间来看，具有如下特征。首先，早、中全新世时期的文化分布在与当时海岸线平行的弧形地带上，这种分布格局与气候和地貌条件有关。在排除了地势高亢和海侵影响地区后，太行山东麓到古海岸线之间的弧形地带成为最佳选择。其次，从遗址分布高度来看，当时人类仍居住在较高地貌面上，海侵及众多湖沼阻止了人类向东部平原腹地迈进的步伐[1]。恶劣的自然地理环境、狭小的生存空间，限制了人类自身和原始农业的长期稳定发展，也造成了文化的兴衰交替。

冷干事件的到来，对农业活动也会产生重大影响。谷子是人类种植的主要作物品种，对现代谷子的生理特性研究表明，谷子是喜温作物，整个生长期需要 $\geq 10℃$ 积温[2]$1600℃ \sim 3000℃$，温度对产量的影响贯穿谷子的一生。据气象分析，如果5—9月 $\geq 10℃$ 的积温较常年少 $40℃$ 以上，年平均温度较常年低 $0.5℃ \sim 1℃$ 就算是冷害年份，低温冷害对谷子的产量会造成很大的影响；若温度较常年降低 $1℃$

---

[1] 崔建新，周尚哲.河北及京津地区早中全新世文化的时空分布及其气候环境因素[J].中国历史地理论丛，2011（4）.
[2] 积温是一年内平均气温 $\geq 10℃$ 持续期间日平均气温的总和。

以上，可能会造成谷子生产的严重减产甚至绝收①。现代谷子品种在抗寒方面比史前时期有所进步，在新石器时代这种降温事件对农业的影响是更为突出的。此外，冷干气候也会改变自然植被状况，进而影响古代居民采集和狩猎等其他经济活动，这对文化的衰落起到了"推波助澜"的作用。

第五节　文化源流及特征

伴随着末次冰期结束、全新世到来，全球气候普遍转暖，雨水丰沛，草木茂盛，远古人类开始走出洞穴，定居旷野。在我国的东北地区、华北地区、华南地区、长江中下游地区，均发现了超过万年的新石器时代早期遗址。这一时期的新石器时代文化，呈现出散点式分布的特点，各自传承，并行发展。在燕山以南、太行山以东的海河平原地区，发现了北京转年[②]、东胡林[③]、河北南庄头[④]、于家沟[⑤]等遗存，但它们的来源和去向目前还无法考证。

距今8200年左右，中国北方地区的文化格局出现了新的变化，文化扩张的势头异常迅猛。在此时期，辽西地区以深腹筒形罐、三

---

① 曹广才，王崇义，卢庆善.北方旱地主要粮食作物栽培[M].北京：气象出版社，1996.
② 郁金城，李超荣，等.北京转年新石器时代早期遗址的发现[J].北京文博，1998(3).
③ 周国兴，尤玉柱.北京东胡林村的新石器时代墓葬[J].考古，1972(6).
　北京市文物研究所.东胡林人及其墓葬[J].北京文物与考古（第六辑），2004.
　北京大学考古文博学院，等.北京市门头沟区东胡林史前遗址[J].考古，2006(7).
④ 保定地区文物管理所，等.河北徐水南庄头遗址试掘简报[J].考古，1992(11).
　河北省文物研究所，等.1997年河北徐水南庄头遗址发掘报告[J].考古学报，2010(3).
⑤ 泥河湾联合考古队.泥河湾盆地考古发掘获重大成果[N].中国文物报，1998-11-15.
　梅惠杰，谢飞.华北新旧石器时代的过渡——泥河湾盆地阳原于家沟遗址[M]//李文儒.中国十年百大考古新发现（1990—1999）.北京：文物出版社，2002.

段式复合纹饰为特征的兴隆洼文化越过燕山山脉，占领了海河流域北部、燕山南麓地区，孟各庄遗址中的部分早期遗存即属于这一文化。本地区同类型的遗存还有北京平谷上宅第⑧层、天津蓟州青池一期等；与此同时或稍晚一些，发源于太行山东麓北部地区，以盂、支脚为典型器物组合的北福地一期文化向东扩张，北旺遗址是这一文化最靠近渤海湾西岸的前沿遗址。北福地一期文化的影响甚至越过潮白河，到达泃河流域，在属于兴隆洼文化系统的孟各庄遗址一期、青池一期遗存中，均能看到北福地一期文化的融入，以支脚和盂最具代表，说明这两种文化之间曾有过密切的交流。北福地一期文化以河北保定、廊坊为中心区域，自诞生起就处于兴隆洼文化和磁山文化的南北夹击中，却一直保持着自身的文化特征，并延续千年，直到北福地二期文化崛起才逐渐消亡。距今7500年左右，兴隆洼文化在燕山南北地区被赵宝沟文化[①]、新乐文化取代，而包含北京平谷、河北三河、天津蓟州的泃河流域则保持着强劲的独立发展态势，经过孟各庄二期、青池二期、北埝头F5等遗存的过渡，演变为上宅文化，孟各庄遗址三期遗存即属于这一文化。在此期间，燕山迤北经历了兴隆洼文化→赵宝沟文化、燕山迤南经历了北福地一期文化→北福地二期文化的交替更迭，而上宅文化始终保持着混合文化的基本特征，延续千年之久，直至被后冈一期文化取代。距今7300年左右，受山东后李文化及豫北冀南磁山、裴李岗文化影响并吸收北福地一期文化的某些因素而衍生的北福地二期文化，从太行山东麓发展到泃河流域，刘白塔遗存为其代表，与邻近的上宅文化紧密交流、和谐发展。距今6700年左右，由北福地二期文化发展演

---

① 中国社会科学院考古研究所内蒙古工作队.内蒙古敖汉旗小山遗址［J］.考古，1987（6）.

变而来的后冈一期文化出现在文安太子务遗址，并继续向北发展，占领燕山南北地区。上宅遗址的上宅文化层上就叠压着后冈文化层，表明继上宅文化后，海河平原北部成为后冈一期文化的分布区。龙山时代晚期，形成于豫北冀南地区，由孟庄龙山早期文化[①]发展而来的后冈二期文化向北推进，在文安县太子务遗址留下了自己的足迹。至此，廊坊走完了几千年的新石器时代文化发展历程。

廊坊地区地处西辽河文化圈、太行山东麓文化圈、豫北冀南文化圈、山东文化圈的交会地带，不同谱系的考古学文化在这里碰撞、交流、争夺和迁徙，一个遗址往往含有多种文化因素，它们取长补短，彼此包容，另外受自然及地理环境变迁的影响，文化的延续性较差，使廊坊地区史前文化呈现出多样性、包容性及间断性的特征。

文明因素的产生有几个条件：生产力的发展，剩余产品的存在，社会分工的扩大以及由此引发的社会的分化。从这几个条件来看，在新石器时代晚期，文明因素已经产生并有所发展。距今5000~4500年，各主要文化区的文明化进程在剧烈的社会动荡中加速发展和演变，良渚文明是其突出代表，以城市、阶级、国家作为标志，率先跨入文明社会的门槛，廊坊也紧随这股滚滚洪流，迎着文明的曙光，坚毅地踏上中华五千年文明史的征程。

---

① 靳松安.河洛与海岱地区考古学文化的交流与融合[M].北京：北京出版社，2006.

第二章 方国遗风

（夏 商 西周 前2070—前771年）

夏商时期，廊坊远离华夏中心区域，地处边陲，隶属方国。当时，这里生存着两支不同的族群，尊崇着两种不同的文化。以今永定河为界，其北为潮白河流域原住民文化，其南为大清河流域中原文化。在漫长的岁月里，两支文化交流碰撞，融汇积淀，相得益彰。至西周晚期，形成姬燕文化一统的局面。

第一节 重要考古发现与研究

夏商时期，廊坊境内发现的文化遗存比新石器时代明显增多，在北部地区发现了大坨头[①]、庆功台[②]、西小汪等20多处遗址，南部地

[①] 天津市文化局考古工作队.河北大厂回族自治县大坨头遗址试掘简报[J].考古,1966(1).

[②] 廊坊市文物管理处,香河县文物保管所.河北香河县庆功台村夏家店下层文化墓葬[J].文物春秋,1999(6).

区发现了小王东①、霸州一中等10多处遗址。北部地区以大坨头遗址为代表的文化遗存包含有特征明显的夏家店下层文化②因素，起初，学界将这类文化遗存归为夏家店下层文化，但也注意到了其与典型的夏家店下层文化的区别，将之看作夏家店下层文化的一个地方类型③。随着新的考古资料的发现和研究的不断深入，一些专家学者提出，冀西北、京津唐地区的这类遗存不属于夏家店下层文化的范畴，而应是一种独立的考古学文化，因之以最先发现的大坨头遗址命名其为"大坨头文化"④，并逐渐得到学界认同。此后，北部地区经历了大坨头文化→围坊三期文化→张家园上层文化的演变。在南部地区发现的文化遗存，则始终表现出与中原文化一致的特征，属于单纯的中原文化系统。至西周晚期，廊坊境内南北界限逐渐消失，统一在强大的周王室集权政治下，形成具有燕国地方特色的文化体系。

一、大坨头遗址

大坨头遗址位于大厂回族自治县大坨头村东，1964年进行试掘，试掘面积100平方米。

遗址是鲍丘河西岸的一处黄土高地，距河400米，高出四周平地1米余，面积六七千平方米。由于长年水土流失，地表破坏严重，

---

① 樊书海，郭济桥，等.文安县小王东与大王东商代和战国遗址［M］//中国考古学会.中国考古学年鉴2004.北京：文物出版社，2005.
② 中国科学院考古研究所内蒙古工作队.内蒙古赤峰药王庙，夏家店遗址试掘简报［J］.考古，1961（2）.
③ 邹衡.关于夏商时期北京地区诸邻境文化的初步探讨［C］//邹衡.夏商周考古学论文集.北京：文物出版社，1980.
  李经汉.试论夏家店下层文化的分期和类型［C］//中国考古学会.中国考古学会第一次年会论文集1979.北京：文物出版社，1980.
④ 韩嘉谷.大坨头文化陶器群浅析［C］//中国考古学会.中国考古学会第七次年会论文集1989.北京：文物出版社，1992.

根据地面土色的不同，即可看到灰坑，有三四十个。试掘中，共清理灰坑3个，其中属大坨头文化的2个，西周文化的1个。灰坑一的结构较特殊，入口是斜坡形的，长约3米、宽1.2米，方向230°。灰坑的"主室"已被后期扰乱坑破坏，不能窥其原貌。"主室"右边的侧室，有小隔梁和主室相隔，呈椭圆形。入口通道右侧有一小室，呈方形，有小隔梁和入口通道相隔。灰坑二是一个椭圆形的大坑，最长处10.8米、宽8.4米、深1.8米。底铺白色细沙，中央部分有两层，厚2~8厘米不等。坑被3座汉墓打破，但尚存柱洞39个。坑中心为一大柱洞，长45厘米、宽25厘米，呈椭圆形，打破白色细沙入生土。沿坑边残留一周小柱洞，共27个，直径10厘米左右，从分布情况看，似为2个一组。坑内除大柱洞外，另有小柱洞11个，直径较坑边的稍大，在15厘米左右，排列不甚规则。坑东南角有一小坑，并有小隔梁和大坑相间隔。小坑右侧为长方形平台，似为大坑入口处（如图2-1所示）。

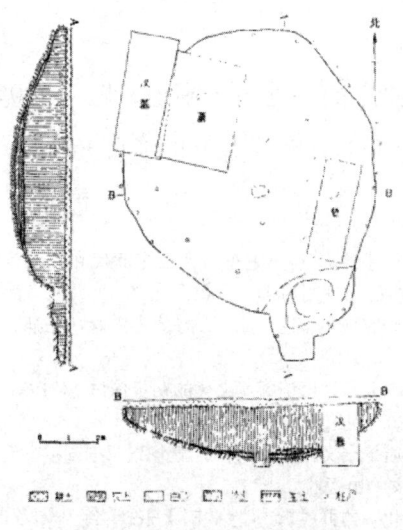

图2-1 灰坑二平、剖面图

从结构看，两坑都应属居住遗迹。

坑内出土物以陶器为主，另有磨制石器、细石器、青铜镞和马牙、鸟骨等。

陶器以夹砂陶为主，占陶片总数的80%左右，陶质松，色不匀，以褐色居多。泥质陶多灰色，部分有黑衣，红色的极少。纹饰以绳纹和绳纹加划纹为主，另有少量的三角和方格划纹，附加堆纹多饰于甗的腰部和罐的折肩处。在一块黑陶片上发现有朱绘条纹，但图案已不能辨识。器型有鬲、甗、罐、盆、钵、豆、纺轮、网坠和弹丸等（如图2-2所示）。另发现鼎足和鸡冠形器耳各一件；石器分为磨制石器和细石器，有斧、刀、凿、镞、锥状器和刮削器等；青铜器仅见青铜镞一件。

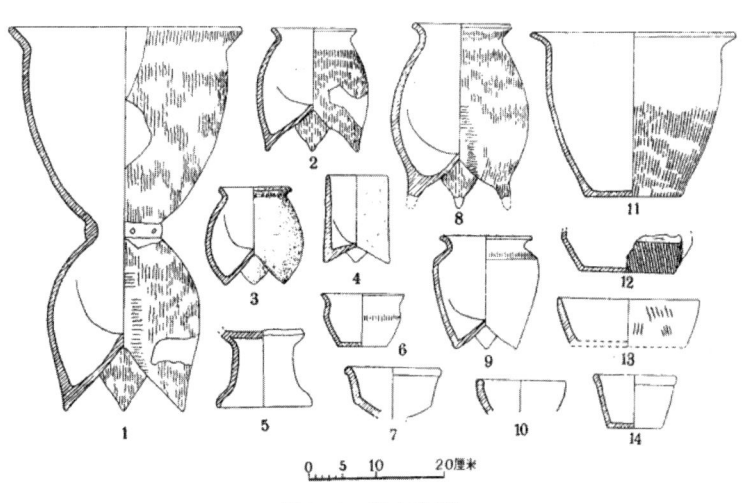

图2-2 出土陶器
1.甗　2、3、4、8、9.鬲　5、7.豆　6、11、12.盆　10、13、14.钵

在大坨头遗址中，H2被H1打破，为我们提供了可靠的地层关系。

大坨头遗址是大坨头文化的典型遗址，年代相当于夏末商初。

该遗址发掘时大厂回族自治县隶属河北省天津专区，发掘单位为天津市文化局考古发掘队，发掘出土器物现存天津博物馆。

二、庆功台墓葬

位于香河县刘宋镇庆功台村西，潮白河故道东岸，1993年7月村民取土时被发现并将墓葬破坏，香河县文物部门在当地公安机关的协助下收缴灰陶罐、折肩鬲、金臂钏各1件。1995年5月廊坊市文物管理所对墓葬残存部分进行了清理。

墓葬为东西向竖穴土坑墓，绝大部分在取土时被破坏。墓口南北宽1.3米，东西残长0.9~1.1米，墓坑深0.55米，未见葬具痕迹。据当事村民介绍，其为单身直肢葬，头东足西，随葬器物摆在人骨架两侧及足部。出土复原完整随葬品24件，不能复原的陶器17件。主要器型有折腹盆、折肩罐、折肩鬲，器表多涂黑陶衣并磨光，罐的腹部均饰弦断绳纹，多数折腹盆的沿面和鬲、罐的肩部有红色彩绘痕迹。

折肩黑衣陶鬲
大坨头文化
高15.3厘米　口径12.5厘米
1995年香河县庆功台村1号墓出土

鬲是我国古代重要炊器之一，其基本形状是圆口、三足中空。最早的陶鬲始见于新石器时代晚期龙山文化，在文安县太子务遗址后冈二期文化遗物中，就有鬲足被发现。此后鬲一直沿用2000多年，成为中原文化最具代表性的器物之一。

折腹黑衣陶盆
大坨头文化
高18.8厘米　口径26.4厘米　底径12.4厘米
1995年香河县庆功台村1号墓出土

靴足黑衣陶罐
大坨头文化
高20.5厘米　口径20.8厘米
1995年香河县庆功台村1号墓出土

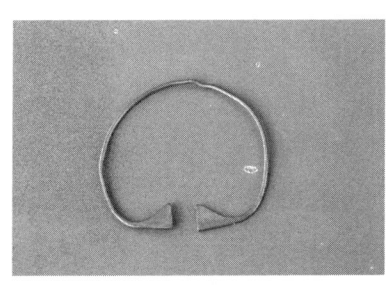

金臂钏
大坨头文化
对圆直径为7.3厘米、重16.66克
1995年香河县庆功台村1号墓出土

庆功台墓葬在村民取土时遭到严重破坏，文物部门清理的仅为东西长0.9~1.1米的残存部分，但仍出土随葬器物40余件，是燕山南麓夏商时期出土随葬品最多的墓葬之一。靴足罐为其他墓葬所不见。作为燕山地区原住民文化代表性器物的金臂钏，在现发表的北京平谷刘家河、天津蓟州张家园、唐山卢龙东阚各庄等墓葬资料中，均与青铜礼器伴出，陶器墓出土金臂钏的仅此一座，表明墓主人身份的尊贵，应为贵族。

庆功台墓葬具有典型的大坨头文化风格,年代相当于中原的商初。

三、东达屯墓葬[①]

位于三河市东达屯村,1998年被发现。墓葬为长方形土坑墓,随葬陶器有盆、罐、钵等,器表纹饰仅见绳纹一种,并有抹掉的做法,属大坨头文化遗存。

绳纹红陶盆
大坨头文化
高12厘米　口径22.5厘米　底径7.5厘米
1998年三河市东达屯村墓葬出土

红褐陶钵
大坨头文化
高10.5厘米　口径18.5厘米　底径10.5厘米
1998年三河市东达屯村墓葬出土

四、小王东遗址

位于文安县小王东村西,古白洋淀东岸。1985年被发现,2003年为配合"西气东输"工程,河北省文物研究所、廊坊市文物管理处对其进行了抢救性发掘。

遗址面积60000平方米,发掘区位于遗址东部偏北,共布

---

① 陈卓然.三河市新集东达屯出土陶器[J].文物春秋,2000(2).

4米×4米探方10个，清理灰坑2个，出土了一批生活和生产用具。器型有夹砂灰陶罐、掺蚌砂灰褐陶鬲，泥质灰陶罐、甗、豆、簋、盆、网坠、环、珠；石刀、铲、镰、镞；骨锥、笄等。陶器多素面，纹饰主要为绳纹。H1内除出土了较多的陶片外，还出土了大量的鳖甲、蚌壳、鱼刺、猪骨、鹿角、鹿蹄、熊牙和1个完整的人头骨，表明了小王东先民的生业形态。

小王东遗址的文化面貌属中原商文化，年代为商代早期。

灰陶碗
早商
高6.5厘米　口径14.3厘米　底径5.7厘米
2003年文安县小王东遗址出土

双系灰陶罐
早商
高17.5厘米　口径14.4厘米　底径10厘米
2003年文安县小王东遗址出土

五、其他重要发现

文安县芦各庄遗址，位于小白河南岸，高出四周地表1~1.5米，韩嘉谷先生于1964年曾做过调查，其文化层厚0.5米，在之后的调查中采集到夹砂黑褐陶、夹砂红褐陶鬲、罐等器物的足和口沿残片及蚌刀、蚌锯等遗物。

霸州一中遗址，位于白沟河故道南岸，1976年被发现，1983年进行试掘。商周文化层厚0.4~0.5米，共清理灰坑4个，出土夹砂陶鬲、尊、四系罐，泥质灰陶豆、鼎、器盖等，器表纹饰以绳纹为主，另出土蚌刀、陶纺轮等遗物。

彩绘陶鬲
大坨头文化
高16.5厘米　口径15.4厘米
1976年三河市诸葛店墓葬出土

直领花边灰陶鬲
围坊三期文化
高21厘米　口径13.5厘米
2000年三河市冯家府遗址出土

第二节　关于金臂钏

　　黄金是人类最早发现并利用的金属之一，它具有耀目的光泽和色彩，化学性质稳定，不易受到水、氧、酸、碱的腐蚀，又具有良好的延展性，容易打造出各种形状，再加上储量稀少，从一开始就受到人们的追捧。就世界范围而言，古埃及、南美洲发现了公元前5000年的黄金制品，两河流域的美索不达米亚平原也出土了公元前4000年生产的金饰物。我国古代最早认识和利用黄金的例子是新石器时代晚期，河南汤阴龙山文化遗址出土了含有金砂的陶片①。而人工黄金制品的出现，则要更晚一些。

　　夏商西周时期，是中国金器的萌芽阶段。在夏纪年范围内，新疆温泉县阿敦乔鲁石板墓出土了一件包金耳环②，碳-14测定年代为公元前19世纪至公元前17世纪；甘肃玉门火烧沟墓地出土了金"鼻饮"和金耳环③，碳-14测年为公元前1600~前1400年④；内蒙古赤峰市敖汉旗大甸子村夏家店下层墓葬⑤、北京昌平雪山大坨头文化墓葬⑥中出土了金耳环。这些是目前考古资料能证明的中国最早的黄金制品。商代、西周时期，金器的出土范围更加广泛，数量和种类逐渐增多。根据发表的考古资料，这一时期的金器可分为两大文化系统，一是中原和西南地区，即商周王朝统治的中心区域及古蜀国。中原地区出土的金器以各种装饰器物的金箔、金叶、金片为主，古蜀出土金器全部为祭祀用器，如三星堆遗址出土的金杖、金面具⑦，金沙遗址出土的太阳神鸟金饰⑧等，但本质上也是包贴在其他材质器物上的装饰。另一个是西北和北方草原地区，包括北京、天津、河

---

①　龚国强.简论商周王国及其周边地区的黄金器饰[M]//中国社会科学院考古研究所.考古求知集.北京：中国社会科学出版社，1997.

②　中国社会科学院考古研究所，博尔塔拉蒙古自治州博物馆，温泉县文物局.新疆温泉县阿敦乔鲁遗址与墓地[J].考古，2013（7）.

③　甘肃省博物馆.甘肃省文物考古工作三十年[M]//文物编辑委员会.文物考古工作三十年（1949—1979）.北京：文物出版社，1976.

　　甘肃省文物考古研究所，复旦大学文物与博物馆系，中国社会科学院考古研究所.甘肃玉门火烧沟四坝文化墓地发掘简报[J].考古与文物，2021（5）.

④　中国社会科学院考古研究所.中国考古学碳十四数据集（1965—1991）[M].北京：文物出版社，1991.

⑤　中国社会科学院考古研究所.大甸子——夏家店下层文化遗址与墓地发掘报告[M].北京：科学出版社，1996.

⑥　北京大学历史系考古教研室商周组.商周考古[M].北京：文物出版社，1979.

⑦　四川省文物考古研究所.三星堆祭祀坑[M].北京：文物出版社，1999.

⑧　成都市文物考古研究所.成都金沙遗址Ⅰ区"梅苑"地点发掘一期简报[J].文物，2004（4）.

北、辽宁、内蒙古、山西、陕西、甘肃、青海、新疆等地，出土器物的类型主要是人身装饰品，包括耳环、耳坠、臂钏、笄等。

金臂钏是中国极具地域特征，也是中国最早出现的金饰品种类之一。除庆功台墓葬外，目前出土金臂钏的商、西周时期墓葬有北京平谷刘家河[①]、河北卢龙东阚各庄[②]、丰润高丽铺[③]、迁安小山东庄[④]、辽宁喀左和尚沟[⑤]、朝阳魏营子[⑥]、内蒙古宁城小黑石沟[⑦]等（见表2-1）。

从形制看，金臂钏可分为两类：A类为单环，由圆条形金条制成，有缺口，两端扁平呈扇面形，相对成环（见表2-1的1~6）；B类为双环，系扁窄的金条盘绕而成（见表2-1的7~8）。从分布看，A类臂钏主要分布在燕山南麓的北京、河北地区，辽宁地区有少量发现，应为燕山南麓地区传入。B类臂钏全部出土于燕山迤北的辽宁及内蒙古地区。从年代看，A类臂钏出现的时间较早，流行于商代至西周早期，B类臂钏主要流行于西周。由此可见，这种两端扁平，相对成环的金臂钏，可视为燕山南麓以大坨头文化为代表的土著文化的典型器物。

---

① 北京市文物管理处.北京市平谷县发现商代墓葬[J].文物，1977（1）.
② 唐云明.河北境内几处商代文物遗存记略[J].考古学集刊（2），北京：中国社会科学出版社，1982.
　河北省博物馆文物管理处.河北省出土文物选集[M].北京：文物出版社，1980.
③ 隆立新.河北丰润县高丽铺遗址出土商代金臂钏[J].中国文物报·收藏鉴赏周刊，2001-06-24.
④ 唐山市文物管理处，迁安县文物管理所.河北迁安县小山东庄西周时期墓葬[J].考古，1997（4）.
⑤ 辽宁省文物考古研究所，喀左县博物馆.喀左和尚沟墓[J].辽海文物学刊，1989（2）.
⑥ 辽宁省博物馆文物工作队.辽宁朝阳魏营子西周墓和古遗址[J].考古，1977（5）.
⑦ 宁城县文化馆，中国社会科学院考古系东北考古专业.宁城县新发现的夏家店上层文化墓葬及其相关遗物的研究[J].文物资料丛刊（9），1985.
　内蒙古自治区文物考古研究所，宁城县辽中京博物馆.小黑石沟——夏家店上层文化遗址发掘报告[M].北京：科学出版社，2009.

表2-1 商、西周时期出土金臂钏统计表

序号	出土地点	数量	年代	尺寸（厘米）	重量（克）	形制
1	河北香河庆功台墓葬	1	商早期	对圆直径7.3	16.66	
2	北京平谷刘家河商墓	2	商中期	环直径12.5	一件93.7 一件79.8	
3	河北卢龙东阚各庄M1	2	商晚期	直径10		
4	河北丰润高丽铺遗址	1	商	直径5		
5	河北迁安小山东庄QXM1	2	西周早期		一件21 一件15.5	
6	辽宁喀左和尚沟M1	2	商末	直径8.2~8.8	21	
7	辽宁朝阳魏营子M7101	1	西周早期			金条盘绕而成，约两圈余，称为跳脱式
8	内蒙古宁城小黑石沟M8061	2	西周晚期	外径5.4~5.7		

除上述地点外，内蒙古宁城南山根①和汐子北山嘴②出土的金

---

① 辽宁省昭乌达盟文物工作站，中国科学院考古研究所东北工作队.宁城县南山根的石椁墓［J］.考古学报，1973（2）.
② 宁城县文化馆，中国社会科学院考古系东北考古专业.宁城县新发现的夏家店上层文化墓葬及其相关遗物的研究［J］.文物资料丛刊（9），1985.

环，形制与A类金臂钏基本一致，也应属臂钏之类的饰物。此外，天津蓟州张家园①、河北滦州后迁义②出土的金耳环与A类臂钏形制相近，内蒙古宁城南山根③、小黑石沟④出土的金丝环，与B类臂钏的形制相近。这些金饰物与金臂钏应为同源，可放在一起讨论（如表2-2所示）。

表2-2　商、西周时期出土臂钏类金饰统计表

序号	出土地点	数量	年代	尺寸（厘米）	重量（克）	形制
1	内蒙古宁城南山根M101	1	西周晚期至春秋早期	直径5.1~5.5	10.5	
2	内蒙古汐子北山嘴M7501	1	西周晚期至春秋早期	环径4.6	6.89	
3	天津蓟州张家园87M3	2	商晚期至西周之际，最晚不超过西周初年	环直径分别为4.7和5.2		
	天津蓟州张家园87M4	2		丝长分别为19.2和20		
	天津蓟州张家园87M1	2		环直径分别为5.5和5.3		同上
4	河北滦州后迁义	3	商末周初			
5	内蒙古宁城南山根M101	2	西周晚期至春秋早期	直径分别为3.1和3	5.9和3.4	
6	内蒙古宁城小黑石沟M8501	4	西周中后期至春秋	大者直径4.9 小者直径4.1	大者42.1 小者36.3	

① 天津市历史博物馆考古部.天津蓟县张家园遗址第三次发掘［J］.考古，1993（4）.
② 张文瑞.冀东地区龙山及青铜时代考古学文化研究［D］.长春：吉林大学，2003.
③ 辽宁省昭乌达盟文物工作站，中国科学院考古研究所东北工作队.宁城县南山根的石椁墓［J］.考古学报，1973（2）.
④ 项春松，李义.宁城小黑石沟石椁墓调查清理报告［J］.文物，1995（5）.

值得注意的是，在以往发表的报告和介绍性文章中，对臂钏这类饰物的叫法是有些不确定的，盖因大都缺乏准确的出土位置。天津蓟州张家园遗址第三次发掘M1和M3出土的金耳环，放置在人头骨双耳两侧，证明其为耳环无疑。而其他与其形制、大小相近的金属制品，到底是臂钏还是耳环，有待更多的考古资料证实。简单而言，大者为臂钏，小者为耳环，当无大误。

就目前的考古发现来看，西周以前金器的原料，主要依赖自然黄金的采集或沙金的淘洗。相关机构对北京平谷刘家河商墓金臂钏，甘肃玉门火烧沟墓地金耳环，四川三星堆祭祀坑、金沙遗址出土的金面具、金箔等金器做过检测①，基本是金、银合金制品，且均以自然金制作而成。刘家河出土的两件金臂钏形制相同，但金、银含量有较为明显的差异，这说明两件器物并非由同一原料制作而成，这也是自然金使用的佐证。中国目前所知最早的人工开采金矿的实例，是河北省兴隆县西沟庄发现的战国时期露天金矿开采遗址②。另外，春秋战国时期黄金制品的日益丰富和普遍发现，证明通过采掘金矿来冶炼黄金是战国或稍早时候才有的事情。

关于金臂钏的制作工艺。首先，将采集到的自然金或经过淘洗的沙金熔化，浇铸成金条，夏商时期成熟的青铜冶铸技术为黄金的熔铸提供了必要的条件。然后，将金条锤揲后弯曲成型。如有需要，可对局部进行锤揲、打磨等修整。

关于金臂钏的来源。不少学者认为中国早期的金属器（含金器、

---

① 王显国.试论刘家河商墓出土金臂钏[J].博物院，2018（6）.
黄维，陈建立，王辉，吴小红.马家塬墓地金属制品技术研究——兼论战国时期西北地区文化交流[M].北京：北京大学出版社，2013.
曾中懋.三星堆祭祀坑出土金器的成分分析[J].文物科技研究，2004（2）.
肖璘，杨军昌，韩汝玢.成都金沙遗址出土金属器的实验分析与研究[J].文物，2004（4）.
② 王峰.河北兴隆县发现战国金矿遗址[J].考古，1995（7）.

青铜器）受到欧亚大陆草原部落文化的影响，存在着一条自中亚→新疆→西北地区，然后一直沿着北方游牧地带向东传播的路径。理由是分布在甘肃河西走廊的四坝文化，黄河河套及其东、北部地区的朱开沟文化，内蒙古东南部的夏家店下层文化，河北北部的大坨头文化，与分布在叶尼塞河以西的以安德罗诺沃文化为代表的欧亚大陆青铜时期文化有着一批极为相似的器物，代表性的是一种喇叭口状金耳环。不管这种推论是否还需要考证，但这种两端砸扁的金臂钏，在西方是找不到原形的。庆功台墓葬金臂钏为目前考古发现所知年代最早的金臂钏，为商代早期。往前追溯，新疆温泉县阿敦乔鲁石板墓、甘肃玉门火烧沟墓地、内蒙古赤峰市敖汉旗大甸子墓葬均出土了一端尖一端扁的环状金耳环（如图2-3所示），由此很容易联想到，两端砸扁的金臂钏应是受到这类耳环的影响演变而来的。另外，在中国北方青铜时代早期遗址中，形制相同的青铜饰品大量出土，它们对金臂钏产生影响也是必然的。

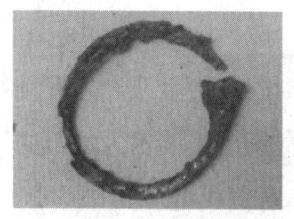
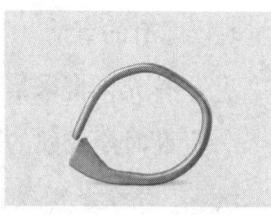

1. 新疆温泉县阿敦乔鲁　　2. 甘肃玉门火烧沟　　3. 内蒙古赤峰市敖汉旗大甸子

图2-3　夏代出土的金耳环

第三节　廊坊地区夏商西周时期出土陶鬲研究

夏商西周时期，廊坊地区经考古调查和正式发掘，出土陶鬲的地点主要有：大厂大坨头遗址、香河庆功台墓葬、三河诸葛店、山河营、中兆甫、冯家府遗址等。

把以上地点的陶鬲进行统计，大致可分为几类：A.侈口，短颈，弧腹，三肥袋足，无实足根。B.侈口，卷沿或折沿，折肩，斜直腹，锥形空足。C.直腹，三锥状空足。D.卷沿或折沿，腹部圆鼓，空足外撇，有实足根。E.直领，三袋足，最突出的特征是颈部捏饰一周花边（如表2-3所示）。

A类鬲目前仅见于北京昌平张营[①]、河北宣化李大人庄[②]等少数地点。溯其来源，有龙山文化双鋬肥足鬲的遗风，但从其流行的年代来看，更应为势力正强的朱开沟文化[③]向东深入与大坨头文化碰撞的产物。

B类鬲是我们常说的"折肩鬲"，为燕山南麓地区最为常见的鬲的形式，而基本不见于燕山北麓，是大坨头文化的代表性器物。由此可见，它是本区域土生土长的鬲的类型。

C类鬲不论在燕山迤北的夏家店下层文化还是燕山南麓的大坨头文化都出土极少，仅见于内蒙古赤峰市敖汉旗大甸子[④]和大厂回族

---

① 北京市文物研究所，北京市昌平区文化委员会.昌平张营——燕山南麓地区早期青铜文化遗址发掘报告［M］.北京：文物出版社，2007.
② 张家口市文物事业管理所，宣化县文化馆.河北宣化李大人庄遗址试掘报告［J］.考古，1990（5）.
③ 内蒙古文物考古研究所.内蒙古朱开沟遗址［J］.考古学报，1988（3）.
④ 中国社会科学院考古研究所.大甸子——夏家店下层文化遗址与墓地发掘报告［M］.北京：科学出版社，1996.

| 历史的印记 |

表2-3 廊坊地区夏商西周时期出土陶鬲统计表

类型	图片	出土地点	文化属性
A		大厂大坨头 H1	大坨头文化
B		大厂大坨头 H1	大坨头文化
		香河庆功台 M1	大坨头文化
		三河诸葛店	大坨头文化
		三河山河营	大坨头文化
		三河中兆甫	大坨头文化
C		大厂大坨头 H1	大坨头文化
D		大厂大坨头 H2	大坨头文化
E		三河冯家府	围坊三期文化

自治县大坨头遗址，但在辽北地区的高台山文化①中却较常见，说明三者间存在文化上的交流。

D类鬲在燕山南麓分布较广，自西向东在拒马河流域的塔照②，京津地区的张家园③、围坊④，滦河流域的后迁义⑤都有发现，而燕山北麓极少，也是大坨头文化的代表性器物。其实足根的做法，应是受到来自晋中的白燕文化⑥和先商文化的影响。

E类鬲我们常称之为花边鬲。这类鬲最早出现在陕西北部和内蒙古南部河套地区的朱开沟文化，年代可上溯到龙山文化晚期。商代以后，在西起陕甘，东至辽东，包括西部的辛店⑦、寺洼⑧、沙井⑨、刘家⑩、先周、李家崖⑪、东部的围坊三期⑫、张家园上层⑬、魏营子⑭、夏家店上层⑮等诸文化，都出土有口沿饰附加堆纹的这类花边鬲，其分

---

① 辽宁省考古研究所.辽宁彰武平安堡遗址发掘简报［J］.辽海文物学刊，1989（2）.
② 北京市文物研究所.镇江营与塔照［M］.北京：中国大百科全书出版社，1999.
③ 天津市文物管理处.天津蓟县张家园遗址试掘简报［J］.文物资料丛刊（1），1977.
天津市历史博物馆考古队.天津蓟县张家园遗址第二次发掘［J］.考古，1984（8）.
天津市历史博物馆考古队.天津蓟县张家园遗址第三次发掘［J］.考古，1993（4）.
④ 天津市文物管理处考古队.天津蓟县围坊遗址发掘报告［J］.考古，1983（1）.
⑤ 张文瑞，翟良富.后迁义遗址考古发掘报告及冀东地区考古文化研究［M］.北京：文物出版社，2016.
⑥ 严志斌.试论长治小神遗址二里头时期遗存［J］.北方文物，1999（1）.
⑦ 裴文中.甘肃史前考古报告［C］//裴文中.裴文中史前考古学论文集.北京：文物出版社，1987.
⑧ 夏鼐.临洮寺洼山发掘记［M］//夏鼐.夏鼐文集.北京：社会科学文献出版社，2009.
⑨ 裴文中.中国西北甘肃走廊和青海地区的考古调查［C］.裴文中史前考古学论文集.北京：文物出版社，1987.
⑩ 陕西周原考古队.扶风刘家姜戎墓葬发掘简报［J］.文物，1984（7）.
⑪ 张映文，吕智荣.陕西清涧李家崖古城址发掘简报［J］.考古与文物，1988（1）.
⑫ 韩嘉谷.京津地区商周时期古文化发展的一点线索［C］.中国考古学会第三次年会论文集1981.北京：文物出版社，1981.
⑬ 同⑩.
⑭ 辽宁省博物馆文物工作队.辽宁朝阳县魏营子西周墓和古遗址［J］.考古，1977（5）.
⑮ 中国科学院考古研究所内蒙古工作队.赤峰药王庙、夏家店遗址试掘报告［J］.考古学报，1974（1）.

布与后来战国和秦汉修筑的长城大致吻合,被称为长城文化带。在花边鬲之前,这一地带早就开始了文化上的交流。龙山时代晚期,河套、山西、冀北、北京地区都出土了形制非常相近的陶鬲。龙山文化之后,东西部之间的交流进一步增强,有相同装饰手法的陶器——鬲和罐,有相同样式的金饰品——耳环和臂钏,还有一个独具特色的铜器群(主要是青铜兵器、工具和少量礼器,被称为北方系铜器),和中原地区古文化形成鲜明对比,成为一条横亘在我国北方、延续一千多年、独具特色的古文化带。

鬲的用途,可分为实用器和明器。作为实用器,鬲主要用作炊煮,多为夹砂陶,因为与泥质陶相比,夹砂陶质地坚硬,透气性和散热性也较为优良,更适合人们日常生活使用。明器陶鬲的制作有精有粗,多为泥质陶,火候较低,胎质疏松,表面打磨得很光滑,有的还有红、白等颜色的彩绘纹饰。诸葛店墓葬出土的彩绘陶鬲口沿涂有红彩,器表彩绘先以红线勾出轮廓再填以白彩,腹部以三角纹为主体纹饰,是典型的明器。而冯家务遗址出土的花边鬲为夹砂陶质,袋足及腹部有烟熏的痕迹,是典型的实用器。

廊坊地区出土的文化源流不同的各式陶鬲,反映了此区域夏商时期复杂的文化格局,表明该区域是来源不同的族群势力反复角逐和争夺之地。庆功台墓葬中,大坨头文化典型器物折肩鬲和夏家店下层文化典型器物折腹盆(尊)作为随葬品的组合形式,表明大坨头文化居民并不把夏家店下层文化因素视为异己,而将其作为自己文化的一部分,体现出文化的友好交流与融合,也正是这种开放、包容的心态使得大坨头文化能在强族林立的夏商时代独树一帜、持续繁荣。

第四节 廊坊地区夏商西周时期的文化格局

夏商时期,大致以永定河为界,廊坊地区南北文化迥异,分属两个文化系统,这里分开叙述。

一、北部地区

距今4500~3600年,燕山地区发生过一次严重的降温事件[①],随着气候由温暖转为温凉,降水量减少,海平面波动下降,河流基本稳定。前期河流作用使部分地带淤涨出陆地,湖沼淀泊面积逐渐缩小,使人类获得了较为广阔的生存空间和环境条件。廊坊的青铜时期文化遗存均发现于这类地貌区域。三河、大厂、香河不仅具备这类地貌的生成条件,而且北部低矮的燕山山地、众多由山地发源的谷地山口和东西走向的山前高地,为人类的迁徙、文化的传播与交流提供了便利的交通条件。

由于文化的发展演变和不断扩张,把这一时期京津及周边地区的文化遗存整合起来进行研究,则更能了解文化的特征和发展脉络。

对燕山南北地区夏、商、西周时期古文化的研究硕果丰厚,随着考古发掘资料的不断丰富,许多学术观点趋向一致,本书基本采纳蒋刚先生的观点[②],并以中原夏、商、西周文化的分期为标尺来进行叙述。

---

① 许清海,阳小兰,杨振京,等.孢粉分析定量重建燕山地区5000年来的气候变化[J].地理科学,2004(3):343.
② 蒋刚.冀西北、京津唐地区夏商西周北方青铜文化的演进[J].考古学报,2010(4).

（一）夏代早期早段

以伊洛地区为中心的中原地区的文化格局发生巨大变化，诸龙山文化晚期遗存经过争夺、兼并与融合，形成统一的二里头文化①，中国历史上第一个奴隶制国家——夏朝建立，中原文明进入一个崭新的时代。此时京津地区的文化格局未发生明显的变化，依然处于龙山时代的晚期阶段，为雪山二期文化②的分布区，与中原地区相比，文明进程明显滞后。

（二）夏代早期晚段

雪山二期文化受到燕山以北夏家店下层文化的影响呈现出新的活力，文化内涵也开始发生变化，最终蜕变成大坨头文化。此时的大坨头文化刚刚形成，分布范围也十分有限，可能仅仅局限在天津蓟州周围不大的区域。但是，大坨头文化的形成对这个地区而言，具有划时代的意义。因为从这个时期开始，京津地区的文明进程也开始步入青铜时代。

（三）夏代晚期早段

大坨头文化初步发展，分布范围明显扩大。在这个阶段偏晚的时候，大坨头文化除占据整个京津地区外，还把文化势力向东扩张到滦河下游的唐山地区，并在融合当地原住民文化的基础上，形成了新的地方类型——古冶类型；向西南扩张，占据了整个北拒马河一带，并在这里形成新的地域类型——塔照类型。这一时期，朱开沟文化势力正强，向东深入至京西的昌平张营，与大坨头文化在此碰撞。先商文化向北发展，偏晚的时候其势力范围已扩展至拒马河以南的涞水，与大坨头文化的边沿产生摩擦。

---

① 夏鼐.碳-14测定年代与中国史前考古学[J].考古，1977（4）.
② 北京市文物研究所.北京考古四十年[M].北京：北京燕山出版社，1990.

（四）夏代晚期晚段

这一时期的早段，先商文化持续北上，与大坨头文化在拒马河流域正面碰撞。而在这一时期的晚段，为了进攻夏朝，先商文化的重心南移，为大坨头文化尤其是塔照类型的迅速成长提供了绝佳时机。北方的夏家店下层文化持续繁荣，大坨头文化一直与其保持着良好的关系，不断进行广泛的交流，吸收对自己有用的文化因素。大坨头文化势力进一步发展壮大，考古学文化面貌呈现出繁荣景象。大坨头遗址中H2包含的早期遗存，就属于这一阶段。

（五）早商一期

由于长期大规模的农垦导致土质荒漠化，可能还有来自西部草原部族的侵袭，燕山以北的夏家店下层文化急剧衰落。但大坨头文化中的夏家店下层文化因素仍然浓厚，这可能是由于部分夏家店下层居民为了躲避灾祸而南下，被大坨头居民所容纳。西边，大坨头文化依然占据怀来地区，西南面的塔照类型和东部的古冶类型依然保持着繁盛的态势，大坨头文化在这一时期稳定发展、持续繁荣。大坨头遗址中的晚期遗存和庆功台墓葬都属于这一时期。

（六）早商二期

早商文化在伊洛地区站稳脚跟后全面向北推进，占据了冀中、冀南地区，并将壶流河、桑干河流域也纳入了自己的文化圈，并由此东进将大坨头文化赶出了怀来地区。在早商文化的强力冲击下，京津、冀东地区的大坨头文化相继衰落，而塔照类型依然繁盛，但有些遗存具有明显的早商文化因素，说明二者发生过争夺并出现了文化融合的迹象。

（七）早商三期

早商文化势力向南收缩，退出了壶流河流域和保定以北地区，李大人庄类型和白燕文化急剧渗透，大坨头文化衰落，北拒马河一带的大坨头文化塔照类型开始发生变化，逐渐蜕变为围坊三期文化。

（八）晚商早期

围坊三期文化塔照类型在接受了少量商文化因素的同时，不仅在北拒马河一带获得稳定发展，而且将文化势力向东推进到蓟州地区，与当地原有的文化因素融合形成了围坊三期文化这一地区新的地域类型——围坊类型。冯家府遗址出土的直领花边鬲，就是这一文化类型的典型器物。

（九）晚商晚期早段

此时晚商文化还没有扩展到保定以北地区，围坊三期文化继续稳定发展。少量青铜鼎、簋组合的墓葬开始出现，表明这一地区开始受到先周文化的影响。

（十）晚商晚期晚段

受到北方燕山山地以青龙抄道沟①为代表的遗存的攻击，围坊三期文化围坊类型向南退缩并衰落。塔照类型在吸收部分商文化因素的基础上蜕变成一种新的考古学文化类型，即张家园上层文化镇江营类型。

（十一）西周早期

西周在北京琉璃河分封建立了姬姓燕国，周人是这里的最高统治者。商人是周人建立燕国的最为重要的成员。虽然政治、军事的隶属关系并不代表考古学文化的归属关系，在琉璃河城址内部居址中，周文化、商文化、张家园上层文化因素共存，但燕文化凭借强大的西周文化作为后盾，在政治、经济、军事、文化上的强势是显

---

① 河北省文物局文物工作队.河北青龙抄道沟发现一批青铜器［J］.考古，1962（12）.

而易见的。在西周燕国政权的压力下，张家园上层文化镇江营类型开始逐渐向东传播，在蓟州、唐山一带与当地已经衰落的围坊三期文化的部分文化因素融合，形成了张家园上层文化的一个新的地方类型，即张家园类型。

（十二）西周中期

此时独具特色的西周燕文化得以形成，西周燕文化对张家园上层文化的渗透越来越强。

（十三）西周晚期

张家园上层文化从京津唐地区解体、消失，燕文化占据了原先张家园上层文化的全部区域。

二、南部地区

与北部地区相比，大城、文安、霸州从远古开始就地势低洼。距今4000年左右，黄河再度流经文安一线入海，随之入海的滱水、易水、滹沱等河流在这片洼地横流，与广阔的湖淀连成一片。早期河流淤涨出的高地、丘阜不多，人类在如此险恶的自然环境中进行生产和生活显然十分困难，而沿太行山东麓北上的商周文化受大片河湖水域及沼泽的阻滞，东进缓慢。凡此种种，就造成了这一带商周时期文化遗存较少的现实。

考古发现和研究表明，早商文化的北界大致在北易水和拒马河之间，晚商文化的北界在唐河一带，个别时期到达白洋淀地区[①]。文安县卢各庄、小王东遗址，霸州市一中、盐水河遗址出土的器物，从器类到器型，完全属于中原文化特征。

据文献记载，固安因地近古涿地而开发较早，最晚在商末或周

---

① 张翠莲.商文化的北界[J].考古，2016（4）.

初已建有侯国城池,"武王子初封于韩","周封韩侯居韩城,为侯伯"。《固安县志》载:"韩寨营在县东南十八里,即古韩侯城。"是永定河的迁徙淤积作用改变了固安、永清、安次一带的地貌,并掩盖了这一区域内商周时期的遗存。

总体来看,廊坊市范围内发现的夏、商、西周时期的遗存,其文化面貌迥然不同。潮白河流域为北方系统的大坨头文化—围坊三期文化—张家园上层文化,以敛口鼓腹鬲、折肩鬲、折腹盆、弦断绳纹罐和花边鬲为代表。大清河流域就现有调查和小面积试掘材料看,文化面貌具有较典型的中原文化特点,以夹砂红褐陶、夹砂灰褐陶尖足鬲、卷沿、折沿罐(鬲)、尊等为代表。根据目前材料,主要活跃在潮白河、泃河流域的大坨头文化与大清河流域的商周文化各有源头和活动区域,分界当在今永定河一线。大面积洼淀湖泊使廊坊地区的这两种青铜文化虽近在咫尺却难以进行交流。

第三章　燕南沃土

（战国　秦　汉　北朝　前475—581年）

战国时期，廊坊地处燕南。燕昭王招贤纳士，国力日强，廊坊地区逐步开化与发展。先民们戍边屯田，冶铁铸剑，社会进化水准堪与齐、赵媲美。秦汉统一中国，安次、文安、东平舒（今大城县）、方城（今固安县）相继置县，正式纳入中央政权管辖。受中原文明辐射，廊坊日益隆昌、进步。而西晋动乱、北朝纷争，则使燕南沃土阴霾重重。

第一节　建置沿革

战国时期，廊坊南部的大城、文安及固安的一部分地处燕、赵、齐三国边境，其他地区均属于燕国。见于史籍记载的地名有武平、方城、徐州等。《史记·赵世家》："（惠文王）二十一年，赵徙漳水武平西。""二十七年，徙漳水武平南。"这里提到的武平即武平亭，今霸州市胜芳镇。《史记·燕召公世家》:"(燕王喜)十二年,赵使李牧攻燕,拔武遂、方城。"方城在今固安境内。《史记·齐太公世家》:"田常弑简公于徐州。"徐州在今大城境内。有关徐州还有一段有趣的故事:齐威王、魏惠王会田于郊。惠王曰:"齐亦有宝乎?"威王曰:"无有。"惠王曰:"寡人国虽小,尚有径寸之珠,照车前后各十二乘者十枚。岂以齐大国而无宝乎?"威王曰:"寡人之所以为宝者与王异。吾臣有檀子者,使守南城,则楚人不敢为寇,泗上十二诸侯皆来朝;吾臣有盼子者,使守高唐,则赵人不敢东渔于河;吾吏有黔夫者,使守徐州,则燕人祭北门,赵人祭西门,徙而从者七千余家;吾臣有种首者,使备盗贼,则道不拾遗。此四臣者,将照千里,岂特十二乘哉!"惠王有愧色。意思是,齐威王和魏惠王在郊外会猎。魏惠王说:"齐国也有宝贝吗?"齐威王说:"没有。"魏惠王说:"我的国虽然小,尚且有直径一寸大的珍珠,能照亮车前车后各十二辆车,这样的珠子有十枚。像齐国这样的大国怎么会没有宝贝呢?"齐威王说:"我所认为的宝贝和大王你的不同。我的臣子有个叫檀子的,我派他守南城,楚人就不敢为寇作乱,泗水一带十二个诸侯都来朝拜;我的臣子有个叫盼子的,派他守卫高唐,赵国人就不敢往东来黄河捕鱼;我的官吏中有个叫黔夫的,派他守徐州,燕国人就会面对徐州的北门祭祀求福,赵国人就会面对徐州的西门祭祀求福,他们的百姓迁居到齐国的有七千多家;我还有个叫种首的大臣,让他防备盗贼,就能使国内路不拾遗。这四个大臣,他们的业绩将光照千里,哪里只是照亮前后十二辆车呢!"魏惠王脸上露出惭愧的神色。这篇文言文叫《国有宝乎》,里面说的黔夫驻守的徐州即在大城,正是齐国与燕、赵的边境之地。

　　秦统一中国,结束诸侯割据纷争的局面,中央集权制在全国范围内建立。廊坊北部（今三河市、大厂回族自治县、香河县）属渔阳郡，廊坊中部（今安次区、广阳区、霸州市、永清县、固安县）属广阳郡，廊坊南部（今文安县、大城县）属巨鹿郡。

西汉建立，中央集权制进一步加强。汉高帝初年（前206年）置安次县（治今古县村）。高帝五年（前202年）置文安县（治今大柳河镇东）、东平舒县（今大城县），属幽州渤海郡；置方成县（治今固安县方城村），属燕国。高帝六年（前201年），置益昌县（治今霸州市策城村），属涿郡地；置潞县（辖今三河市）、雍奴县（辖今天津市武清区、香河县），属渔阳郡。汉昭帝元凤元年（前80年），方成县改属广阳郡，汉宣帝本始元年（前73年），改属广阳国。汉元帝永光三年（前41年）封广阳顷王子刘婴为益昌侯，置益昌侯国。各县建置后，因行政变革隶属多有改变。

新朝王莽改制之后，复古十二州，州郡交错。

东汉建武二年（26年），方成县改为方城县，属幽州广阳国，光武帝建武十三年（37年），改属上谷郡。东汉和帝永元二年（90年），文安县、东平舒县改隶冀州刺史部河间国。汉献帝建安末年，改隶章武郡。汉和帝永元八年（96年），废阳乡侯国、临乡侯国、新昌侯国，入方城县（辖今固安县、永清县、霸州市），属幽州刺史部涿郡；废益昌侯国（原益昌县）入安次县，安次县由渤海郡改隶幽州刺史部广阳郡；潞县（辖今三河市、大厂回族自治县）、雍奴县（辖今天津市武清区、香河县），属幽州刺史部渔阳郡。

三国，属魏国。文安县、东平舒县属冀州河间郡；方城县属幽州范阳郡；安次县属幽州燕国；潞县、雍奴县属幽州渔阳郡。

西晋泰始元年（265年），置章武国，东平舒为国治，文安县、东平舒县属之；置长乡县（辖今固安一部），方城县、长乡县属幽州范阳国；安次县、潞县、雍奴县属幽州燕国。

东晋十六国，为后赵、前燕、前秦、后燕辖地。

北魏时，属幽州。改长乡县为苌乡县，方城县、苌乡县为幽州范阳郡地；东平舒县改为平舒县，文安县、平舒县为瀛州章武郡地；潞县、雍奴县为渔阳郡地。北齐天保七年（556年），方城县、苌乡县入涿县；安次县为燕郡地。其余不变。

第二节　重要考古发现

一、战国

这一时期战乱频繁，七雄并立；诸子蜂起，百家争鸣；社会变革，民族融合，整个社会在征战兼并中发展并逐步走向统一。

（一）燕南长城

春秋战国时期，各诸侯国出于战争防御的需要，将边境原有的大河堤防加以扩建，使其兼具防水和军事防御的双重功能。廊坊境内文安、大城两县战国时期地处燕、赵、齐边境，三国时期曾先后互有领属，燕易王前后和燕昭王时期修筑的易水下游（滱水）、滹沱水长城，即今文安、大城两县的燕国南长城。最早记载廊坊境内战国燕长城的史籍是胡三省的《资治通鉴音注》卷二百八十五："八月，李贞言：'与契丹千余骑遇于长城北。'"胡三省注："此战国时燕国所筑长城也，在涿州固安县南。"可见长城的称谓古已有之。

1989年廊坊的考古工作者首先在大城县杨堤村等处发现俗称"长城堤"的战国长城遗存，并进行了小范围调查。1999年在原有工作的基础上，结合史志、地貌、水文等资料，对文安、大城两县境内战国长城遗存再次进行考古调查[①]，大致弄清了燕南长城的位置与走向。战国燕南长城从保定市雄县张青口村穿大清河，在文安县北舍兴村西北进入廊坊境内，再沿大清河一直向东至滩里镇，而后拐向南，至大长田村分为东西两线继续向南延伸，在大城县刘固献村合并，再一直向南至大城县东马村结束（见图3-1）。调查长城沿线

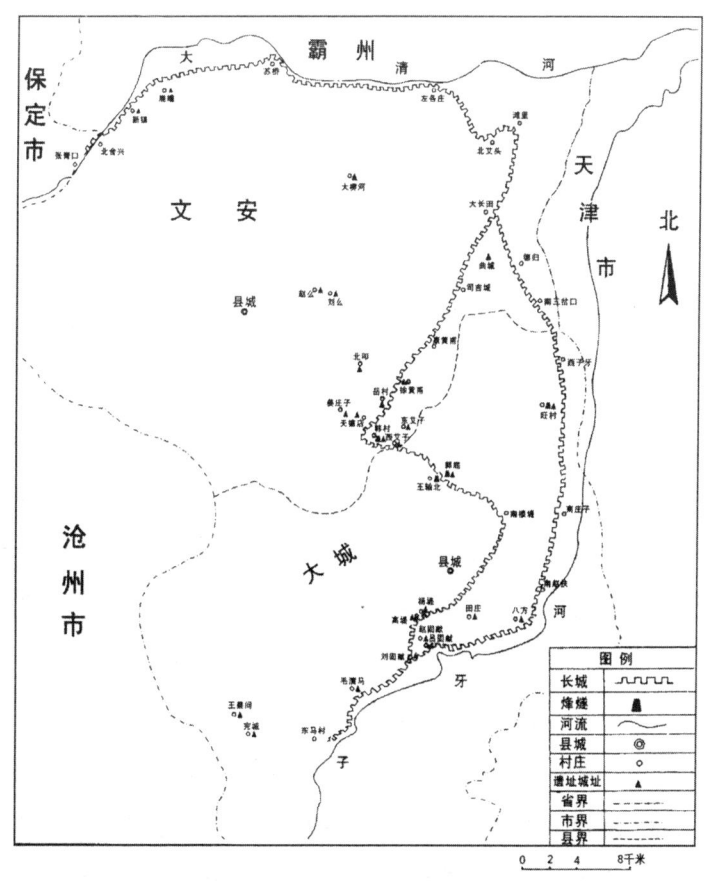

图3-1 文安、大城战国燕南长城位置走向图

---

① 廊坊市文物管理处.廊坊市战国燕南长城调查报告[J].文物春秋，2001（2）.

时，于文安县赵家营、大城县温村、杨堤和高堤村发现四处墙体剖面，根据其土质、土色、结构等观察，与原生土和晚期堤埝、淤土有明显区别，当是人工堆垒夯筑无疑；于旺村、韩村、郭底、王轴北村还发现四处烽燧。

2015年河北省长城资源调查小组对廊坊市境内燕南长城进行了调查，将文安县、大城县境内燕南长城分为34个点段，其中14段认定消失，1处为广陵城址，因此认定廊坊市早期长城为19段。这19段长城，位于文安县的有13段，分别为：北舍兴长城、新镇长城、鹿疃长城、苏桥长城、左各庄长城、张管营堤长城、南陶管营长城、滩里长城、赵家营长城、大长田东线长城、北德归长城、南三岔口长城、大长田西线长城。位于大城县的有6段，分别为：王轴北长城、小王都长城、王庄长城、杨堤长城（两段）、毛演马长城。长城沿线长度约为155千米，现存19段长城共长约70千米，地表以上可见的长城段约为3.6千米。

2018年，考古工作者对位于大城县内的东段燕南长城进行考古发掘①，对燕南长城的修建方式有了准确了解。城墙仅存底部，剖面呈梯形，顶部残宽约9.2米，底宽15.45米，残高0.95米，分8层夯筑而成。城墙的修筑顺序为：先平整并夯实浅黄色淤沙土，然后分层夯红褐胶泥作为基础，其上用夹板夯筑城墙。在城墙第②夯层中发现少量陶器残片，可辨器型为燕国典型器物夹蚌筒形釜（燕式釜）。

经过几次调查和发掘，初步推断城墙的建筑年代为战国晚期。

在经调查确定的文安、大城境内燕南长城沿线，分布着新镇、广陵城、徐黄甫、岳村、姜庄子、韩村东、西艾子、郭底、王轴北、

---

① 河北省文物研究所，廊坊市文物管理处，大城县文物管理所.廊坊大城县燕南长城2018年发掘简报［J］.文物春秋，2019（3）.

温村、杨堤、高堤、田庄、八方村、吕固献、毛演马、完城等多处战国和汉时期遗址。它们当中有的是城址，有的是聚落遗址，与长城的关系还不能确定。另外，长城的性质、作用等也待进一步考证。目前，河北省文物考古研究院正在进行更大规模、更为深入的长城考古调查，随着工作的不断开展，对廊坊境内燕南长城的了解将会更加清晰。

（二）龙冢

位于大城县旺村镇龙冢村东，现封土为长方形二层阶梯状，东西长30米，南北宽20米，高约3米。

关于墓主人有许多民间传说，其中之一是秦始皇幼子。这种说法源自《天府广记》《钦定日下旧闻考》《古今图书集成·职方典》等史籍。清大学士于敏中等人主编的《钦定日下旧闻考》这样记述："相传始皇巡狩驻跸于此，值幼子薨，因瘗之。"他之所以这样记述是援引了《城冢记》的记载。《城冢记》是三国魏文帝时的一部古籍，成书年代较早，有一定的可信度。龙冢周围童子、七女、万灯、孝彩等村名，都与龙冢有关。

文物工作者曾于1978年对墓葬进行考古勘探，在封土的东北角发现有夯土，地层中含有黑土和红胶土，距地表4米深的地层中发现炭和碎陶片。据地表暴露遗物绳纹砖、夹砂红陶片和勘探情况分析，此处应为战国时期大型土坑墓。

（三）大唐迴M1[①]

位于三河市大唐迴村西。1974年、1975年取土时均有青铜器出

---

① 廊坊地区文物管理所，三河县文化馆.河北三河大唐迴、双村战国墓[J].考古，1987（4）.

M是考古学中遗迹单位墓葬的代表符号，M1是指编号为M1的墓葬。

土，1978年进行了调查和清理。该墓为竖穴土坑墓，墓底长2.5米、宽1.4米、深约1.7米，墓向东北西南，出土鼎、簋、豆、匙、镞等青铜器。

蟠螭纹铜鼎
战国
通高24.5厘米　口径16.3厘米
1978年三河市大唐迴M1出土

蟠螭纹铜鼎，子口，扁圆鼓腹，两侧附长方形外侈耳，圆底，三蹄形足。盖平顶微鼓，中心置一方形钮，周边有三矩形钮，钮上饰有鸟纹，矩形钮内侧盖面饰一周蟠螭纹。腹部饰蟠螭纹、三角涡纹各一周，耳及蹄足上面饰兽面纹。

鼎为古代炊器，相当于现在的锅，用于煮或盛鱼、肉。在商周时代，鼎是重要的礼器，被用来"明尊卑、别上下"，成为统治阶级等级制度和权力的标志。

蟠螭纹铜簋
战国
通高14厘米　口径13厘米　底径8厘米
1978年三河市大唐迴M1出土

蟠螭纹铜簋，整体呈椭圆形，鼓腹，子母口，高圈足，腹部两侧各有一兽首状环耳，盖平顶微鼓，周边有三鸟形钮，中间有一半环形钮。盖上和腹部皆饰以双绳结纹组成的横长方格纹,格内填蟠虺纹,圈足底边饰一周绚纹。

簋为盛装煮熟的黍、稷、稻、粱等饭食的器具。商周时期,簋是重要的礼器,在祭祀和宴飨时常以偶数组合与奇数组合的列鼎配合使用。周礼规定:天子用九鼎八簋,诸侯七鼎六簋,卿大夫五鼎四簋,元士三鼎二簋。

蟠虺纹铜豆
战国
通高28厘米　口径17.6厘米　足径11厘米
1978年三河市大唐迴M1出土

蟠虺纹铜豆,子母口,盘形浅腹,腹两侧附环形耳,豆把较细。口沿上承覆钵式盖,与豆盘合为扁圆球形,盖顶设有圆形捉手,捉手顶面饰云雷纹一周。盖与豆盘腹部的纹饰相同,对称饰蟠虺纹、变形蝉纹、三角涡纹各一周。豆座饰星点蟠螭纹一周。

豆是一种盛食器,常用于盛放腌菜、酱肉以及调味品等,最初的豆是用陶制成的,常与陶鼎、陶壶配套使用,构成一套原始礼器的基本组合。青铜豆出现于商代晚期,在春秋战国时期得以盛行,是随葬用的主要器类之一。

（四）双村M1[①]

位于三河市双村南。1978年发掘，为长方形竖穴土坑墓，长4.2米、宽2.4米，墓向16°。出土青铜鼎、簋、豆、剑、削、戈、镞、车軎辖及玛瑙环等随葬品。根据随葬铜礼器的组合及器形特征，双村M1的时代当属战国早期，为燕国士一级的墓葬。

 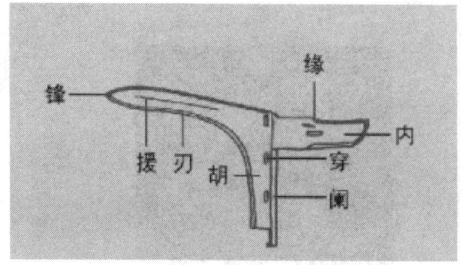

铜戈
战国
通长17.5厘米　胡长5.2厘米
1978年三河市双村M1出土

戈是青铜时代常见的长兵器，又称"钩兵"，下接长柄，主要用于车战。《周礼·考工记》："冶氏为戈：广二寸，内倍之，胡三之，援四之。"指出了戈头各部分比例。单就戈头来说，每一部分都有专名，戈的主要刃部叫"援"，戈柄叫"内"，转折而下的部分叫"胡"，胡上的小长孔称"穿"（穿绳以缠柲）等。并不是所有的戈都有胡，商代盛行无胡戈，在援紧贴柲的部分上下有短柱形突出，这是为了使戈头牢缚于柲上，称之为上下阑。戈柲的横截面是扁圆的，长度并不一致，据战斗的实用需要而不同。

---

① 廊坊地区文物管理所，三河县文化馆.河北三河大唐迴、双村战国墓[J].考古，1987（4）.

蟠虺纹铜軎辖
战国
高5.5厘米 口径5厘米 底径8厘米
1978年三河市双村M1出土

軎辖为古代车的构件。軎位于车轴外端,用于括约和保护车轴头。为使軎不致从车轴上脱落,在軎上与轴端有一横穿的孔以辖插入。

(五)小唐迴燕国刀币窖藏

1973年4月,在修筑三河至平谷的公路时,工人于三河市小唐迴村西150米处发现了这处钱币窖藏。窖藏距地表约68厘米,为一夹蚌灰陶瓮,内存燕刀币1000余千克。这些刀币的阳文铭文,是"明"字,另外还有"燕""行""千",以及数字和符号等。刀背有弧形和磬折两种,刀币的大小、形状也不同,总体来看,有由精致到逐渐变小、变薄、变轻的趋势,铜质、工艺也相应变劣。分析其铸造年代为春秋晚期至战国晚期。

刀币是由实用刀削演化而来,形如刀状,柄端有环。流通于春秋中晚期至战国末年的齐、燕、赵等国。

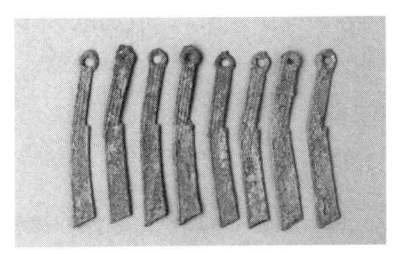

燕"明"刀币
战国(燕)
长14厘米 宽 1.7厘米
1973年三河市小唐迴村遗址出土

（六）其他重要发现

郾王职戈

文安县曾出土一件铜戈，全长26.5厘米、高23厘米、援长17.3厘米、内长9.2厘米。形体较大，中脊隆起，两旁有血槽，直援、微上昂；胡刃有三组锯齿状刺，阑内三穿，直内无刃，直内上角方、下角有缺，内上一穿。内上有铭文"郾王职作▨萃锯"[①]（见图3-2）。

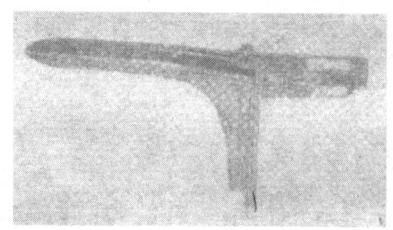

图3-2　文安县出土郾王职戈

燕国铸有王名的青铜戈，以往多有出土。1973年燕下都第23号遗址出土铜戈108件，除7件内部残缺、1件无铭外，其余100件戈均铸有王名，其中郾王职戈30件[②]。

战国时期，群雄争霸，各国为了巩固霸主地位加紧军备竞赛，燕国在传统戈的基础上对其进行改良，逐步确立了具有本国特色的几种铜戈形制，并自名为"鈋""鏻""锯"。

关于郾王职，有学者做过详细的论证，认为郾王职即燕昭王[③]。匽人自周初立国，至战国之末为秦所灭，其本称皆作"匽"，或加邑旁作

[①] 王其腾.文安出土郾王职戈[J].文物春秋，1993（3）.
[②] 河北省文物管理处.燕下都第23号遗址出土一批铜戈[J].文物，1982（8）.
[③] 石永士.郾王铜兵器研究[C]//中国考古学会.中国考古学会第四次年会论文集1983.北京：文物出版社，1985.

"郾",而不作"燕"。战国以后的史书多以"燕"代替①,遂沿用至今。

铜匜
战国
高16.5厘米　身长23厘米　口长径16厘米
口短径11.5厘米
1982年三河市东城子村墓葬出土

匜是古代盥洗时浇水的用具。《左传》有"奉匜沃盥",沃即浇水,盥即洗手洗脸,匜的用途由此可知。此匜流口呈鸟首形,倒水时上喙可以自动开启,器身饰一周羽纹带,与鸟的形象相合,整体造型极为生动、巧妙。

活链式提梁铜壶
战国
通高24厘米　口径7.7厘米　腹径16厘米
1976年三河市黄土庄镇墓葬出土

壶在古代分为盛酒器和盛水器,样式繁多。青铜壶的使用时间始于商代,至汉代甚至更晚仍在使用。这件提梁铜壶上置深盖,器身的口、颈均掩于盖内,盖面凸起,顶部设四个圆环形立钮。器身溜肩、

---

① 曲英杰.说匽［J］.考古与文物,2000(6).

垂腹，下承三个蹄形矮足，肩部两侧设两个铺首衔环与圆形套环及弓形把手相连，形成一个完整的提梁，便于提携或取火温酒之用。

骨尺
战国
长 16.4 厘米　宽 1.6 厘米
1976 年文安县小赵村出土

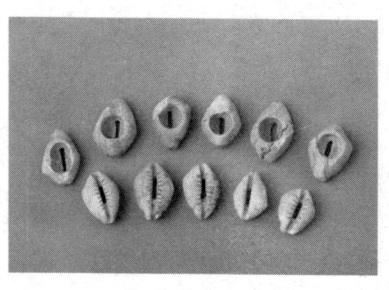

贝币
西周
1982 年三河市东城子村墓葬出土

中国最早的货币是海贝，始于夏朝，兴盛于商和西周。在商代晚期和西周，为了弥补海贝数量的不足，还出现了铜铸贝。至春秋战国时期，贝币逐渐退出了历史舞台。

赵"安阳"布币
战国（赵）
长 3.8 厘米　足宽 3 厘米
1982 年文安县刘么遗址采集

布币是由农具镈演变而来，春秋时期逐渐脱离其原来作为农具的功用，成为专职货币——空首布，至战国进一步发展为略具铲形的平首布。主要流通于韩、赵、魏等国。

在刘么遗址,除了赵布币外,还采集到几枚燕刀币。与此情况类似,1976年在文安县姚磨遗址,也同时出土了赵"安阳"布币和燕"明"刀币。这两处遗址相距不远,均位于燕南长城附近,两种货币同时出土,反映了燕、赵两国在政治、军事对立的情况下,也存在着密切的商贸往来。

早在新石器时代晚期,中国的西北地区就开始使用青铜器,但主要为小件的工具、兵器和饰品,以礼器为代表的青铜文化发源于黄河流域,跨越了中国历史上的夏、商、周三代,延续了近两千年。中国古代青铜器不仅是实用性的器物,也用于祭祀、宴飨、典礼等重大场合,它是中国古代社会礼仪制度的物化,背后蕴含着深厚的社会思想和文化信息。青铜器使用的种类、数量及大小彰显着主人的身份、地位和权力,是统治者建邦立国、明上下辨等级的礼治工具。虽然从考古资料来看,中国青铜器的出现晚于世界上其他一些地方,但是就其使用规模、铸造工艺、造型艺术及种类而言,世界上没有一个国家可以与中国媲美,这也是中国古代青铜器在世界艺术史上占有独特地位并引起各国普遍重视的原因之一。

廊坊地区考古发现的青铜礼器,年代最早的应该是文安县出土的青铜爵,年代为商代早期,遗憾的是这件青铜爵和其他一批文物在20世纪90年代初被盗,成为廊坊文物工作者心中之痛。目前馆藏的青铜器,大部分属于战国时代,结合大型古聚落遗址、墓葬及货币窖藏的发现,从一个侧面反映出燕国经济的发达和社会的富庶。正如《战国策·燕一·苏秦将为从北说燕文侯》所记,燕"地方二千余里,带甲数十万,车七百乘,骑六千匹,粟支十年。南有碣石、雁门之饶,北有枣粟之利,民虽不由田作,枣粟之实,足食于民矣。此所谓天府也"。

二、秦汉

秦汉统一中国,结束诸侯割据纷争的局面,专制主义中央集权制在全国范围内建立,廊坊境内多县在这一时期相继建置,正式被纳入中央政权管辖。特殊的地理位置决定廊坊地区成为中原王朝的北方军事重镇和交通枢纽,加速了其社会经济的发展。

(一)唐王坟

位于文安县姜庄子村南,现为一高大土丘,长70米,宽60米,封土高出地面6米。地表暴露有夹砂红陶、泥质红陶、泥质灰陶罐、豆、绳纹砖等遗物。

1973年以前,封土南侧曾有清光绪二十三年(1897年)立碑一通,称之"唐潞墓"。传说,有一位名叫唐潞的将军,常年在燕国南长城附近驻守。文安处于低海拔平原洼地区,经常闹水灾,百姓深受其苦,唐潞投入巨大精力修筑堤坝,后人为纪念其功德为其立碑。出于景仰之情,在以后的传承中,将其墓称为"唐王墓"。《文安县志》载:"唐王墓,在城东南天德店村南,故丘巍然,世系无考。"

据村民介绍,1969年在墓葬封土前挖沟时,于地表下约1米处发现一长方形券顶砖室墓,出土陶楼、鼎、俑等遗物。1974年,村民在封土上挖地窖,发现多枚刀币。此墓的东侧,紧邻商周遗址。据以上分析,此处应为建筑在古遗址上的汉代墓葬。

(二)齐圪垯汉墓

位于大城县大尚屯镇齐圪垯村北。原有三个大土丘,20世纪50年代修水渠时西侧的土丘被推平,现存的两个土丘高约6米,中间由一条南北向小路隔开，东西长70米，南北宽40米。1969年挖战备洞时，发现大土丘底部为多室砖墓。据当事人回忆，墓门用大型方砖垒砌，口字形环廊围绕墓室。主墓室为券顶结构，高约2米，面积16平方米左右，东、西、南三面与环廊相通。在墓内发现陶狗、陶楼、陶盘和五铢钱等。

根据墓葬结构和出土文物，推断此处为一大型汉代砖室墓。

（三）三河市错桥村铁器窖藏①

位于三河市错桥村，1984年发现并进行了抢救性清理。铁器无次序摆放在土坑内，器类有犁、镬、锸、铲、锄等农具，削、斧、凿等工具，錧等车具，以及矛、钥匙、镣等近30件，均为使用过的旧器，为汉代铁器窖藏。

在以往的考古调查中，廊坊境内多处汉代遗址均有铁质农具发现，三河市巩庄村还发现了冶铁遗址，但农具、工具、车器等多种铁器共存、集中出土是首次，而且均为使用过的旧器，证明汉代这一地区农具等铁器的使用已比较普遍，但作为窖藏，同时也说明这些用具在当时还具有一定的珍贵性。

（四）其他重要发现

"千秋万岁"瓦当
西汉
直径15.2厘米
1984年霸州市中学遗址出土

---

① 廊坊市文物管理所，三河县文保所.廊坊市三河县出土的汉代铁器［J］.文物春秋，1993（1）.

| 历史的印记

瓦当又称"瓦头",是覆盖檐头筒瓦前端的遮挡,主要起到防水、排水、保护木质飞檐和美化屋面轮廓的作用。瓦当始见于西周,至汉代发展到了鼎盛时期。"千秋万岁"吉语瓦当,出现并流行于西汉时期,反映了当时人们普遍存在的对生息繁衍、太平安宁、康乐祥瑞的美好愿望。

四神规矩纹镜
汉代
直径13.5厘米
1976年大城县毛演马村墓葬出土

中国最早的铜镜发现于黄河上游甘肃、青海地区的齐家文化遗址中,时代约为公元前2000年,此后在这一地区和今天的长城沿线地区得以传播。当时,铜镜除用于照容外,还具有宗教方面的用途。大约在商代后期,铜镜开始传入黄河下游的中原地区,但直至西周时期还仅为个别贵族所持有。春秋晚期到战国时期,历史上出现第一次民族大融合,铜镜也大体从这时起开始在中原地区得以普遍流传。汉代,随着社会经济的恢复和高速发展,铜镜制作技艺产生了质的飞跃,迎来了第一个繁荣鼎盛期,各类铜镜琳琅满目、制作精良。规矩镜是汉代最流行的镜式之一,镜背的四神及有规则的"TLV"形装饰格式与方位及五行学说有关。

"别部司马"铜印
东汉
印面2.3厘米×2.3厘米　高1.8厘米
1976年大城县完城村墓葬出土

别部司马是东汉时期别营的领兵官，早期直属于大将军。东汉末年，兵制受到破坏，别部司马的隶属也发生了较大变化。在东汉军队中，虽然别部司马的地位和官秩都不是很高，但东汉末年至三国时期的一些著名历史人物，都担任过这一官职。由于东汉兵制对别部司马的领兵数没有作出严格规定，加上"别部"，"别部司马"属于比较特殊的编制，具有很强的独立性，朝廷和各大割据势力也就将其作为收编流散武装，以及增强自身实力的手段和工具。在东汉末年争霸战争中，别营、别部司马为各方霸主争夺势力范围发挥过十分重要的作用。随着三国鼎立局面的形成，别营和别部司马已经不适应当时的形势需要，逐步退出历史舞台。

秦汉时期，政治、经济、科技、文化高速发展，步入中国封建王朝的第一个鼎盛时期。反映在墓葬上，厚葬之风盛行，廊坊市境内发现多处大型墓葬，遵循"保护为主"的原则均未进行发掘。而在中小型墓葬中，陶仓、井、灶等日常用具及各种人物、动物俑的出现反映出人们"事死如生"的丧葬理念，还原了稳定富庶、生机盎然的田园生活景象。

| 历史的印记

三、魏、晋、北朝

魏、晋、南北朝时期，国家分裂，政权更迭纷繁，北方少数民族和汉族向南方大迁徙，民族融合加强；佛教东渐，为文化艺术的发展与繁荣创造了条件。

太和十一年佛造像
北魏太和十一年（487年）
残高152厘米　宽85厘米
1999年永清县支各庄出土

造像青色砂岩质，作一铺三尊背屏式，背屏上部已残，仅右侧残存火焰纹背光，正面雕一佛二菩萨像。佛像居中，头顶作宽大的馒头状高肉髻，水波纹发，发际平展，面相长圆。眉眼细长，微微上挑，眼呈柳叶形，做向下俯视状。短鼻，鼻尖和口、下颌已残缺。双耳下垂近肩，耳垂厚重。颈略细，双肩较宽，微微下溜。身着通肩袈裟，衣纹有分叉，颇显稠密厚重。左手下垂，结与愿印；右手当胸，施无畏印。立式，足以下已残缺。

主佛两侧的胁侍菩萨像，形体较小，惜残损严重。通过观察残

72

像遗迹发现，菩萨头戴高冠，手持莲蕾。

造像背后雕刻屋形龛，设柱础和方形柱，柱上已残，屋内雕释迦多宝二佛并坐。佛头做馒头状，高肉髻，面相长圆而略显清秀，大耳低垂，溜肩，身着通肩大衣，双手合拢垂于双腿之上作禅定印，结跏趺坐于方形单层台座上。佛两侧二胁侍菩萨像因残缺严重，仅见腿、脚及下垂于身体两侧的披巾。

佛龛下部有阴刻楷书发愿文，文字已残缺，但标示年代处十分完整，可知其雕造于孝文帝迁都洛阳前的北魏太和十一年（487年）。

北魏时期，统治者大力扶持佛教，各地佛教寺院林立，雕造了数量众多的佛造像，国都平城（今山西省大同市）倾财力、物力开凿云冈石窟，成为北方佛教和造像中心，并辐射全国。太和十一年（487年）应在云冈二期①，为目前所知河北地区出土北魏带纪年款石造像中较早者。佛像的高肉髻、浑圆的脸庞、瘦削的双肩等，无不表现出云冈造像独特的风韵。它的发现，再次证实云冈石窟北魏造像对河北造像的巨大影响力，对研究河北佛造像艺术的发展历程具有重要研究价值。

孝昌二年刻铭砖
北魏孝昌二年（526年）
长26.8厘米　宽12.7厘米　厚5.2厘米
1992年大城县大里北村墓葬出土

---

① 宿白.云冈石窟分期试论［J］.考古学报，1978（1）.

刻铭砖阳面阴刻楷书："孝昌二年三月庚午朔廿七日平舒县人李道德铭记之。"平舒即今大城县，西汉始设东平舒县，北魏时改称平舒县，县治即今大城县城。此砖铭是目前最早的关于平舒县名的实物资料。

武士俑
北朝
高21.3厘米
1976年大城县大里北村墓葬出土

武士呈站立姿态，头戴兜鍪，身着明光铠甲，椭圆形护胸，内套窄袖衫，腰间束宽带，肩披长圆披膊。左手下垂，右手做执器状握于胸前。腿裹甲裙，内裙垂于足面，足蹬圆头靴。铠甲上有朱砂红彩痕迹。此俑比例匀称，体态健壮，形态生动，艺术水平高超，是廊坊地区目前发现的唯一一件北朝时期陶俑。

第三节　铁器的发明和奴隶制向封建制的转变

中国境内最早的铁制品发现于甘肃临潭磨沟遗址，墓葬区的M444和M633出土了铁条和铁锈块两件铁器。经对铁条进行检测，系由块炼渗碳钢锻打而成，属人工冶铁制品，碳-14测定墓葬年代为公元前14世纪左右①。新疆哈密三堡焉不拉克墓地早期墓葬中也出土了年代较早的铁器，包括刀、剑、戒指和几块残铁块，系人工冶得的块炼铁制品，碳-14数据在公元前12世纪、13世纪范围内②。

中原地区铁器的出现要晚一些，河北藁城台西遗址和北京琉璃河商墓均出土了铁刃铜钺③，年代在商代中期，但它们都属于天然陨铁制品。人工冶铁要到西周晚期。河南三门峡虢国墓（虢季墓）中出土了玉柄铁剑、铜内铁援戈、铜骹铁叶矛，铜内铁援戈材质属于块炼铁，另两件是块炼渗碳钢④。块炼铁是铁矿石在800℃~1000℃的固体状态下用木炭还原而得到的含有较多夹杂物的铁。这种铁为海绵状固体，杂质较多，含碳量低，质软，只能锻，不能铸。如在反复加热过程中，块炼铁同炭火接触，碳渗入而增碳变硬，则成为块炼渗碳钢。在掌握块炼铁技术后不久，大约在春秋早期，人们学会了生铁冶炼。生铁的冶炼温度是1150℃~1300℃，出炉产品呈液态，可以连续生产，可以浇铸成型，非金属夹杂比较少，质地比较硬，冶炼和成型率比较高，从而产量和质量都大大提高。但生铁脆硬，使用时容易崩裂，经过一段时间的摸索，约在春秋战国之际，人们掌握了增加铸铁韧性的铸铁柔化处理技术。

生铁冶炼和铸铁柔化处理技术的出现，在生产力发展过程中具有划时代的意义，它为铁器的广泛普及奠定了坚实的基础，并成为战国以后中国社会经济迅速发展的一个至关重要的原因。

---

① 陈建立，毛瑞林，等.甘肃临潭磨沟寺洼文化墓葬出土铁器与中国冶铁技术起源[J].文物，2012（8）.
② 新疆维吾尔自治区文化厅文物处，新疆大学历史系文博干部专修班.新疆哈密焉不拉克墓地[J].考古学报，1989（3）.
③ 河北省博物馆文物管理处.河北藁城台西村的商代遗址[J].考古，1973（5）.
　北京市文物管理处.北京平谷县发现商代墓葬[J].文物，1977（1）.
④ 河南省文物考古研究所.三门峡虢国墓[M].北京：文物出版社，1999.

中原地区冶铁时间较晚，但有高度发达的青铜冶铸术作为支撑，技术革新的步伐较快。至战国时期，冶铁术趋于成熟，铁器得到广泛使用，并向四周辐射传播。据2004年的数据统计，战国铁器的出土地点已超过350处，在我国的绝大多数省份都有分布[①]。在发现的冶铁遗址中，不仅包含丰富的铁器生产遗存，如熔炉残块、鼓风管残块、烘范窑、脱碳炉、铸模、铸范，而且发现大量铁器，如燕下都21号作坊出土的铁器就多达1678件，种类涵盖生产工具、日用器具、武器装备、车马器及杂具等[②]。

铁器的发明和普遍使用，极大地促进了生产力的提高。首先，对于翻土、中耕、除草、收割等农业生产环节，相比木、石和青铜工具，铁农具的劳动生产效率大大提高。此外，战国时期还发明了牛耕，《秦律》《新书·春秋》等史籍都有关于牛耕的记载，陕西临潼，河北易县、武安，河南洛阳、辉县，山东临淄，山西侯马等地出土了大批铁犁铧[③]，证明牛耕在战国时得到广泛推广。再有，铁质工具的应用，也大力推进了水利工程的兴建，都江堰、鸿沟、郑国渠，都是战国时期著名的水利工程，有的至今还发挥着防洪和灌溉的作用。《战国策·赵策》记载平阳君赵豹劝诫赵王："秦以牛田，水通粮，其死士皆列之于上地，令严政行，不可与战。"说明牛耕、兴修水利对提升国力发挥着巨大作用。

铁农具的普遍使用、牛耕的发明和推广，以及大型农田水利工程的兴建，极大地提高了农田耕种的效率，原本需要很多人耕作的

---

① 中国社会科学院考古研究所.中国考古学（两周卷）[M].北京：中国社会科学出版社，2004.

② 石永士.河北易县燕下都第21号遗址第一次发掘报告[M]//《考古》编辑部.考古学集刊（2），北京：中国社会科学出版社，1982.

③ 陈文华，张忠宽.中国农业考古资料索引（一）——农业工具[J].农业考古，1981(2).

农田现在少部分人就能完成，多余的劳动力可以用来开垦荒地，使田亩的数量大大增加。在奴隶制下，劳动者处于非人的地位，奴隶们常常以消极怠工、破坏工具、逃亡甚至暴动等手段对抗劳动，奴隶主为了激励耕种者的积极性，获得最大的利益，把土地分成小块租给奴隶耕种，收取一部分收成作为地租。这样，奴隶主逐渐转变成了地主，而奴隶也逐渐转变成了农民。私田的大量开垦，损害了土地国有制，各国为了增加税收、提升国力，纷纷实行变法，最著名的当推秦国的商鞅变法：废除井田制，承认土地私有，允许土地买卖。私有土地法律化，这也符合奴隶主的利益，得到奴隶主们的广泛支持。

　　铁器的发明和普遍使用极大地促进了生产力的进步，从而引发了生产力和生产关系、经济基础和上层建筑的改变，进而促进了整个社会的变革。慢慢地，地主经济代替了奴隶主经济，封建社会取代了奴隶社会。

第四节　廊坊社会经济的第一次繁荣

　　从战国时期开始，廊坊的历史进入了一个相对稳定的发展阶段，武平（今霸州市胜芳镇）、方城（今固安县）、徐州（今大城县）等地名散见于当时的历史文献中，考古调查发现的战国城址、遗址、墓葬数量骤增。三河市的战国遗址集中分布于沟河、潮白河、鲍丘河沿岸，燕郊附近的西城子、中兆甫遗址面积超过10万平方米，沟河东岸的大唐迴、双村、东城子、山河营等遗址连成一片。文安县的战国遗址集中分布在宽1~1.5千米，最长18.6千米的三条东西向、一条东北—西南向的垄岗高地上。大城县的完城、田庄、郭底，文安县的大董村、曲城、赵郭等城址及大型遗址的发现，尤其是文安、大城两县燕国长城的发现，表明当时地处燕、赵、齐三国边境的大城和文安，围绕着长城和戍边屯田的需要，形成了以城郭为中心的较为密集的村落。因三国曾互有领属，文化面貌较为复杂。三河市小唐迴刀币窖藏的出土，反映出这一地区当时商业和经济的繁荣；大唐迴、双村、东城子铜礼器墓、陶礼器墓及多件夹蚌红陶燕式鬲的发现，再结合众多遗存的分布情况可以看出，当时以西城子、中兆甫、东城子、荣村等城址和大型遗址为中心，形成了几个村镇密集、商业较为活跃的城邑。

公元前221年，秦始皇统一全国，结束了长达500多年的诸侯割据局面。秦的统治时间虽短，地处近海边陲的廊坊仍留下了秦始皇的足迹，《大城县志》载："秦皇巡狩驻跸平舒段堤，值幼子薨，葬于此。"段堤村今属天津静海区，位于子牙河西岸，清光绪二十三年（1897年）仍属大城县管辖。"葬于此"，即今大城县城北的"龙冢"。虽历经2000多年，墓葬封土仍高出周围地表约6米，1983年被河北省人民政府公布为省级文物保护单位。

西汉的统一为廊坊的发展提供了长期稳定的社会环境，安次古县村城址、霸州策城、文安大柳河、大城平舒等城址的发现，印证了史籍中关于西汉在战国城址基础上设县治或侯国城池的记载。随着自然环境的改善、社会秩序的稳定和生产力的发展，居民点较战国时期有明显增多。三河的近山地区及河流沿岸，文安县龙街、孙氏、刘么等乡镇，几乎每个现代村庄都发现有汉代遗存，可谓人烟相望，鸡犬相闻。三河错桥村铁农具和车具的出土，表明铁器已较为普遍地应用于农业生产。在大城县郝庄、太堡、郭底、齐圪垯，文安县宋家牌，霸州东关、南关，香河县大何庄，永清县龙虎庄等地均发现较大型的多室汉墓，出土陶楼、仓房、圈舍等明器，家禽、家畜模型，各式人物俑及大量钱币等，这从多个侧面反映出当时廊坊地区以农业为主的经济稳定发展、商业活跃、人们安居乐业的繁荣景象。

第五节　重要历史人物

刘放（？—250年），字子弃，涿郡方城（今河北省固安县）人。三国时期曹魏大臣。

刘放是广阳顺王之子西乡侯刘宏的后人，东汉末年在郡中担任纲纪官员，被举为孝廉。后投奔曹操，历任参军事、主簿记室。魏国初建，命为秘书郎，旋改中书监，加给事中，赐爵关内侯，职掌中枢机密。魏明帝即位后，愈加宠任，加散骑常侍，晋爵西乡侯。朝廷诏令密命，多由其所为，参决大政，权倾一时。又晋爵方城侯。明帝临终，皇储幼弱，刘放力主召曹爽、司马懿托付大政。因此，齐王曹芳即位后，再加奖拔，增邑至一千一百户，并加左光禄大夫。正始七年（246年）致仕，嘉平二年（250年）卒，谥敬侯。

刘放生逢乱世，依靠自己的能力和才干，辅佐曹操统一了北方，与蜀、吴三分天下。他尽心用事，执掌三朝政务，对维护曹魏政权的稳定起到了重要作用。

张华（232—300年），字茂先，范阳郡方城（今河北省固安县）人。西晋文学家、政治家。

据《新唐书·宰相世系表》记载，张华为汉高祖重要谋臣"汉初三杰"之一张良的后裔，张家至张华时已家道中落。张华幼年丧父，以牧羊为生，但贫困的生活并没有使张华丧失追求，他天资聪颖、勤奋好学，引起了两位同乡的重视。一位是当时司马氏政治集团的卢钦，另一位是魏明帝的重臣刘放。后来，刘放将女儿嫁给了张华。

此时的张华，却没有很快出仕，而是潜心学业，博览群书。史书称其"学业优博，辞藻温丽，朗赡多通，图纬方伎之书莫不详览"。勤于学业使得张华成为一个饱学之士，为其后来步入仕途奠定了学识基础。他曾作曹魏《鹪鹩赋》以自喻，得到名士阮籍的高度评价，感叹张华："王佐之才也！"

在司马昭时期，张华在范阳太守鲜于嗣推荐下任太常博士，后任河南尹丞、佐著作郎、中书郎等职。西晋取代曹魏后，又迁黄门侍郎，封关内侯，后拜中书令，加散骑常侍，坚决支持武帝伐吴，于战时任度支尚书。灭吴后，封广武县侯。其后遭到排挤，出镇幽州，政绩卓然。之后返朝任太常。晋惠帝继位后，累官至司空，封壮武郡公。西晋永康元年（300年），赵王司马伦发动政变，张华惨遭杀害。

张华工于诗赋，辞藻华美，是西晋时期众所推崇的文坛领袖。今存《情诗》等三十二首，《文心雕龙》称其短章"奕奕清畅，其《鹪鹩》寓意，即韩非之《说难》也"。

张华编纂有中国第一部博物学著作《博物志》。《博物志》共十卷，分类记载了山川地理、飞禽走兽、人物传记、神话古史、异境奇物、古代琐闻杂事及神仙方术等，是中国历史上继《山海经》后，又一部包罗万象的奇书。

《隋书·经籍志》录《张华集》十卷，已佚。明人张溥在《汉魏六朝百三家集》中收有《张茂先集》。《晋书·卷三十六·列传第六》对张华有记述，《资治通鉴》等亦有记载。

第四章 幽野风韵

（隋　唐　五代　581—960年）

隋唐时期，廊坊为幽州所辖。时值国家统一，国势强盛，社会风尚、民族意识皆以雄浑大气和阳刚正气为时代主流。此风"衍而外流"，风靡朝野，亦盛行廊坊。故隋唐文物，处处展示了质朴劲健、浑厚壮阔、深沉博雅的大唐风韵，尽显阳刚之美。这种英豪气质、雄强风骨世世相传，陶铸了一代又一代廊坊人的性格情操。

第一节　建置沿革

隋开皇三年（583年），废渔阳郡、燕郡、章武郡。安次县、雍奴县、潞县属幽州；文安县、平舒县属瀛州。开皇九年（589年），析涿县，废方城县旧境地置固安县（县治今固安镇），属幽州。大业三年（607年），安次县、雍奴县、潞县、固安县属涿郡；文安县、平舒县属河间郡。大业七年（611年），析安次、固安二县地置通泽县，隶涿郡。同年，析文安、平舒二县地，置丰利县（治今文安镇），隶河间郡。

唐，属河北道蓟州、幽州、鄚州、瀛州。武德元年（618年），安次县、固安县、雍奴县、潞县属幽州，武德二年（619年），析潞县置临泃县（县治今三河市城区），属玄州。武德四年（621年），固安县属北义州，平舒县属景州。贞观元年（627年），废玄州并入幽州，撤临泃复入潞县，隶幽州；省丰利县入文安县，属瀛州；废北义州，固安县改隶幽州；废景州，平舒县改隶瀛州。如意元年（692年），析安次、固安二县地，置武隆县（辖今永清县、霸州市），景云元年（710年），改名会昌县。景云二年（711年），文安属鄚州。开元四年（716年），析幽州潞县东部置三河县，隶幽州；开元十八年（730年），改属蓟州。天宝元年（742年），罢州为郡。取"边境永清"之意，将会昌县更名为永清县（辖今永清县、霸州市）。永清县、固安县、安次县改隶范阳郡；三河县隶渔阳郡；大城县隶河间郡；文安县隶文安郡。至德二载（757年），罢郡复为州，三河县隶蓟州；安次县、永清县、固安县隶幽州；平舒县隶瀛州；文安县复隶鄚州。大历四年（769年），固安县改隶涿州。

五代十国，三河县隶蓟州；安次县、永清县隶幽州；固安县隶涿州；文安县隶鄚州；平舒县改名大城县，隶瀛州。后晋天福元年（936年），石敬瑭割燕云十六州赂契丹，境域入契丹，属辽。后晋天福三年（938年），以武清县孙村置香河县，分武清、三河、潞县三县民户安置。后周显德六年（959年），周世宗收复益津关（今霸州市）、瓦桥关（今雄县）、淤口寨（今霸州信安镇），于原永清县益津关另置永清县（县治在今霸州镇）。置霸州，领大城县、文安县、永清县。自是，两永清县南北并立。

第二节　重要考古发现

一、隋

581年，北周静帝禅让帝位于杨坚，隋朝建立。589年，隋军南下灭陈，统一中国，结束了自西晋末年以来中国长达300年的分裂局面。此后，隋朝推行科举制、实行均田制、修建驰道、开凿大运河，政治、经济、文化、外交等领域空前发展，中国进入一个强盛的时代。

（一）解盛夫妻合葬墓志

1990年大城县东关村出土。志石两方无盖，青石质，均长46厘米，宽44厘米，厚11厘米。志文楷书，共19行，满行22字。据志文记载，解盛，字鸿徽，景州平舒（今大城）人，祖籍山东济南。其先贤解狐，被推荐为中军之尉；西晋雍州刺史解少连亦为其祖先。祖父解普贤任"北魏威远将军兖州慎阳县令"。父亲解显庆也做过州、县级的官吏。北周时解盛任章武郡主簿，卒于隋仁寿二年（602年）；其妻张氏，河间平舒（今大城）人，亦为名门望族之后，通情达理，温柔贤惠。隋大业三年（607年）卒于家中，六年（610年）与解盛合葬于平舒县东北（如图4-1所示）。

同是平舒，但在墓志中记载，一个属景州，一个属河间郡。

春秋时期已有县、郡的设置，但起初的郡地位比县低，县、郡之间没有统属关系。至战国时期，随着设县增多和郡地的繁荣，需要建立起更高一级的管理机构，郡、县两级制的地方管理体系逐步

图 4-1 解盛夫妻墓志拓片

形成。秦统一后彻底废除分封制，把郡县行政区划制度推行到全国。西汉初年，在地方上继承秦朝的郡县制，同时又分封同姓诸侯国，郡、国两制并行。东汉末年，原监察区性质的州转变为郡以上的行政区，地方行政制度始成州、郡、县三级。南北朝后期，州、郡、县三级行政区划制度已混乱到了极点，郡一级形同虚设。隋文帝面对这种局面，于开皇三年（583 年）果断地"罢天下郡"，实行以州领县的两级行政区划制度，并在开皇九年（589 年）平定南朝陈后，将州县两级行政区划制度推行至全国。解盛死于仁寿二年（602 年），仁寿四年（604 年）刻埋墓志。此时，实行的是州、县两级行政区划制，平舒属景州。公元 605 年，炀帝继位，改年号大业。炀帝于大业三年（607 年）复改州为郡，以郡统县，直至公元 618 年隋朝覆灭。解盛妻子张氏卒于隋大业三年（607 年），大业六年（610 年）正月与其夫解盛合葬，刻埋墓志。此时，州制废除，实行的是郡县制，平舒县复属河间郡，所以称张氏为"河间平舒人"。隋朝的行政区划变革正好让这对夫妻赶上了，并通过墓志记录下来，成为考证平舒县县治沿革的宝贵实物资料。

（二）张善敬墓

位于永清县隋代通泽县城遗址内，1999年被发现，为圆角近方形单室砖墓，随葬品有青釉四系罐等。纪年墨书墓志砖是目前明确记有隋代通泽（永清）县治位置的实物资料。

墓志砖
隋代
长30.5厘米　宽14.5厘米　厚5.7厘米
1999年永清县通泽村出土

墓志砖背面有纵向细绳纹，正面磨平并墨书楷体："隋大业十二年岁次丙子三月丁亥廿六日壬寅通泽县昌乐乡雕龙里散人张善敬之柩铭。"《隋书·地理志》对"通泽县"的地理位置没有记载，墓志砖可补史阙。

二、唐

隋末天下群雄并起，唐国公李渊趁势在晋阳起兵，于618年称帝，建立唐朝。经贞观之治、开元盛世，唐朝在政治、经济、文化、艺术、外交等领域达到空前繁荣，是我国封建时代最强盛和统治时间最长的王朝之一。

（一）三河市唐代临沟故城遗址

位于三河市沟阳镇三里庄北，沟河及其支流红娘港从城址北隅流过。遗址东西长500米，南北宽150米，面积75000平方米。遗址中间被水渠分隔成两区。城址高出南、东、西三面地表2~6米不等。遗址的南侧东西两头有残存的城墙，残长6~9米，宽约15米，高出遗址地面3~4米。城墙为夯筑，夯土层厚度8~15厘米。地表暴露大量的青砖、板瓦、筒瓦、瓦当等建筑材料，以及陶片、三彩碎片、青釉碗、白釉盘、白釉碗、隋"五铢"钱等遗物。遗址北侧因河水冲刷暴露出文化层，厚度为1~4米，包含物以泥质陶片最多，瓷器残片较少，器型有豆、罐、盆、盘、碗等。

根据城址暴露的遗物特征观察，战国时期这里已有村落。《畿辅通志》记载，临沟故城始建于东晋后赵时期，亦称"临渠城"。《水经注》记载"沟河水又东南径临沟城北，屈而历其城东，侧城南而出"，这也证实了北魏时临沟城已经存在。北魏、北齐、北周为渔阳郡潞县地。隋开皇三年（583年）废渔阳郡，改属幽州，大业三年（607年）属涿郡。唐武德元年（618年）属幽州，武德二年（619年）分潞县东部置临沟县，属玄州，临沟故城仍为县治所在。贞观元年（627年）撤临沟县，复入潞县。开元四年（716年），再分潞县东部另建三河县，以地近泃河、鲍丘河、沟河三水而得名，隶属于幽州，开元十八年（730年）改属蓟州。五代后唐同光初年（923年）废三河县，长兴三年（932年）卢龙节度使赵德钧建置新城，即今县城。隋唐时期为临沟故城的兴盛时期，县治改迁后仍被沿用，直至明洪武初年（1368年）被水冲废。

（二）隆福寺长明灯楼

灯楼为汉白玉石质，由壶门方形座、覆莲圆座、等边八角形石柱、仰莲托盘组成，通高3.4米。石柱雕饰分为三部分：下部各面刻尖拱龛，龛内浅浮雕伎乐天。石柱中部正面为篆书题额"大唐幽州安次县隆福寺长明灯楼之颂"，颂序、颂词皆为楷书体，间以行草书，由安次县尉张愃撰文，安次县员外主簿、通直郎、护军张去泰书，另镌刻有《般若波罗蜜多心经》《燃灯偈》《知灯偈》以及功德主姓名、官衔。石柱上部每面雕双层尖拱龛，龛内雕佛像一尊，共计十六尊。佛像发式有高肉髻、螺髻两种，均有莲瓣形头光。服饰可分通肩袈裟、敷搭双肩袈裟、右袒袈裟等数种。佛座为八角形须弥座或圆形须弥座，坐姿多为结跏趺坐，也有善跏趺坐、足踏莲花者。佛像手印各异，有说法、无畏、禅定印等。仰莲托盘上面刻有卯槽两圈，中心凿圆柱洞，原应有灯室（如图4-2所示）。

图4-2　隆福寺长明灯楼

灯楼又称石灯幢，以幢的总体形制承载灯的供养之用与智慧之意，常置于佛教寺院殿前庭院之中，在佛前日夜燃亮，以示智慧不灭、佛法永存。中国现存时代最早的石灯为山西太原童子寺北齐石灯，可考证的留存于世的唐代石灯幢实物共有五座，河北廊坊隆福寺长明灯（668年）、河北曲阳某寺石灯（现移至北岳庙，694年）、山西长子法兴寺石灯（773年）、黑龙江宁安兴隆寺渤海国石灯（698—926年）、西安碑林博物馆所藏唐代石灯。

隆福寺长明灯楼现为国家一级文物。其造型庄重雅致，雕刻手法精细严谨，人物形象动静相宜，体现出极高的艺术水准，是唐代石刻中的精品。它雕制于武后垂拱四年（688年），是已知最早的带纪年刻铭的唐代灯幢。与同时期的石灯相比，隆福寺长明灯楼体量大，雕刻内容丰富，具有极高的史料价值，这在唐代石灯中也是绝无仅有的。

（三）张仁宪神道碑

位于文安县相公庄村北。碑为汉白玉石质，由碑首、碑身、碑座三部分组成，通高4.3米，碑身宽1.44米，厚0.54米。碑首为半圆形，浮雕四龙交蟠，龙首垂于碑侧，天宫篆额"大唐故赠工部尚书清河张公神道之碑"。碑身阳面刻方格线，格内阴刻隶书碑文，共29行，满行62字，记载了张仁宪家族的世系、官职，以及其孙张仲武的战功。碑座为石雕赑屃，座下为大理石条铺成的石床，约3米见方。由碑文可知，该碑为唐大中二年（848年），卢龙节度使张仲武为其祖父张仁宪所立。

清代此碑被列为文安县八景之一——唐碑吐雾。据《文安县志·方舆志》载："唐碑吐雾，唐节度使张公仁宪神道碑也，在邑西北相公庄侧，雾露之晨隐然有人马麾盖之状。"墓碑整体雕刻刀法娴熟，线条精美，雄浑有力，展现了我国唐代北方雕刻艺术的成就。碑文详录了张仁宪家族九世17人，是研究张仲武家世的依据，具有极高的史料价值。

（四）郑忠墓碣

郑忠墓位于廊坊开发区上庄头村西，东方大学城内。地表仅存墓碣一通。

此碣立于唐代宗永泰元年（765年），青石质，通高260厘米，宽110厘米，厚27厘米。碣首拱形，无纹饰，额篆"大唐故高士荥阳郑府君之碣"。碣身阳面阴刻隶书共25行，满行51字，主要记述了郑忠生平及家世。座为长方形，汉白玉石质，正中有凹槽，与碣底榫卯结构相扣。

据碣文记述：郑忠高祖在隋末任武清县令，窦建德攻武清时坚守城池有功，加右卫大将军，进封永年公，封邑永清。其父郑承元，授陪戎副尉。郑忠为郑承元长子，"安史之乱"期间曾被安禄山、史思明委任为东光县丞、左卫兵曹等职，但其不愿与乱军合流，在史氏任命后辞职居家。郑忠子郑希潮升迁为"金紫光禄大夫、历太仆卿、文安郡副驾、转殿大监、幽州节度判官、上柱国"。墓碣还记述了隋末窦建德农民起义军"围逼武清"的史实等内容。

此碣是河北境内发现数量极少且较为完整的唐代墓碣之一。

（五）董满墓[①]

1977年在文安县麻各庄村南修筑公路时发现。为圆形单室砖墓，出土陶俑、镇墓兽、家畜、家禽、三彩扁壶等随葬品44件。据墓志载，墓主人董满，字士盈，原籍为邢州平乡，唐高宗乾封元年（666年）奉诏版授恒州藁城县令，卒于咸亨二年（671年），咸亨三年（672年）三月卅日迁窆于文安县北。

---

① 廊坊市文物管理所，文安县文物管理所.河北文安麻各庄唐墓[J].文物,1994（1）.

| 历史的印记

版授即不经朝命而用白版授予官职或封号，此制始于晋而盛行于南北朝，所授之官有官名、俸禄，可以持版，而无印绶与实职，往往授予民间高寿者。乾封元年（666年）董满已83岁，应当在版授之列，故称"奉诏版授"。

三彩扁壶
唐代
高29厘米 口径7.8厘米 底径13厘米
1977年文安县麻各庄董满墓出土

唐代陶瓷业的飞速发展、文化艺术水平的不断提高以及盛唐厚葬之风的盛行，催生出一朵绚烂多彩的艺术奇葩——唐三彩。唐三彩是一种低温釉陶器，釉彩有黄、绿、白、褐、蓝、黑等色彩，而以黄、绿、白三色为主，所以人们习惯称之为"唐三彩"。

这件三彩扁壶模制而成，器身两面模印相同纹饰。壶的下方，雕塑了一对凤鸟，凤鸟高冠曲颈，凤鸟上方塑一肌体丰满的蟾蜍，做欲跃之状。蔓草纹点缀其间，枝叶肥厚，连绵缠绕，果实丰硕。此壶整体构图饱满，主题突出；釉色由黄、绿、白三色构成，彩度适中，斑斓典雅，烘托出极富浪漫色彩的盛唐风范。

唐代烧造三彩的主要窑场为巩县窑和邢窑，定窑、井陉窑也有少量烧造。比较而言，巩县窑能烧造大型器，邢窑的产品色彩晕散。这件扁壶当属邢窑产品。

第四章 幽野风韵

胡人俑
唐代
高26.5厘米 座8.4厘米×7.3厘米
1977年文安县麻各庄董满墓出土

陶俑浓眉深目、高鼻阔口，头戴方顶护颈风帽，身穿翻领窄袖大衣，体貌衣着明显区别于唐人。矗立在这些陶俑跟前，大漠驼铃仿佛在耳边响起；西域客商手牵骆驼，满载货物，行走在丝路上的生动画面跃然浮现眼前。胡人俑的出土真实反映了繁荣昌盛的大唐盛景，这种盛况不仅体现在世界之都——长安，远在渤海之滨的廊坊也受到了丝绸之路的影响，与西域在经济和文化上皆有往来。

昆仑奴俑
唐代
高22.5厘米 座6厘米×7厘米
1977年文安县麻各庄董满墓出土

大唐国势隆盛，声威远播，对外采取兼容并蓄、开放自信的政策，吸引着无数异国他乡的人们来到此地。而不远万里来到大唐的异域人中存在着一类身份极为特殊的人群，他们多来自南洋诸岛甚至更遥远的非洲，他们就是"昆仑奴"。《旧唐书·南蛮传》记载：在林邑以南，皆卷发黑身，通号"昆仑"。唐朝时，"昆仑"除了代表众所周知的"圣山"昆仑山外，还特指"黑色"，因此当时的黑人也被称为"昆仑人"，可见昆仑奴是指黑色皮肤的奴仆。这件昆仑奴俑出土于董满墓，圆脸卷发，大眼高鼻，身着圆领右衽窄袖长袍，下穿无裆裤，左臂下垂手掩于袖内，右手握拳置胸前，立于长方形底座之上，通身呈淡黄色。它的出土是墓主人现实生活的表现，由此可见，在唐代廊坊也因受到国际化影响而常见此类昆仑奴。

（六）文安西关唐代墓群[①]

1989年被发现，抢救性清理墓葬4座，其中3座为圆形单室砖墓，墓室内用砖砌成窗户、灯架、门、柱子等仿木结构；另1座为平面梯形的砖室墓。随葬品有陶器、瓷器、铁器、铜器等。瓷器均为白瓷，有注壶、碗、杯几类。

泥质红陶塔式罐
唐代
一件通高60厘米　罐口径12.5厘米　罐底径13.7厘米　座底径27.7厘米
另一件通高54厘米　罐口径12厘米　罐底径13.3厘米　座底径31.7厘米
1989年文安县西关1号墓出土

---

① 廊坊市文物管理所.河北文安县西关唐墓清理简报［J］.文物春秋，1997（3）.

塔式罐是唐代新出现的一种明器，一般由盖、罐、座三部分组成。塔式罐因形似佛教中的窣堵波（源自梵文，原是埋葬佛祖释迦牟尼火化后留下的舍利的一种佛教建筑，即坟冢的意思。随着佛教在各地的发展，在佛教盛行的地方建起很多塔，争相供奉佛舍利。后来塔也成为高僧圆寂后埋藏舍利的建筑）而得名，与唐代佛教文化的影响有直接的关系。塔式罐在北方地区唐代墓葬中常有出土，且变化有序，却基本不见于南方的唐墓之中，是当时不同地域丧葬习俗差别的重要标准器物。

（七）大龙华村唐墓[①]

位于文安县大龙华村北，2017年发掘。墓葬为船形双室墓，墓内有4具人骨架，应为家族合葬墓。墓葬曾经被盗，发掘时出土陶罐、黄釉碗、铜勺等遗物。

从目前的考古资料看，已发现的船形墓多为单室，也有等尺寸双室并列的，像大龙华M1这样的前后双室布局的比较少见。同类型的墓葬在大城县和平公园也有发现，并且出土了墓志，是纪年明确的唐代早期墓葬。

（八）其他重要发现

三彩柿蒂纹长方枕
唐代
高5厘米　长11.5厘米　宽8.5厘米
1993年固安县方城村墓葬出土

[①] 廊坊市文物保护研究所，文安县文物管理所.河北文安大龙华村唐代砖室墓清理简报[J].文物春秋，2020（1）.

瓷枕是中国古代的寝具。按质地分，有低温釉陶和高温釉瓷器两大类。根据目前的考古资料来看，瓷枕最早出现于隋代，唐至元各朝代一直流行，明清时期趋于衰落。从瓷枕的发展历程和制造工艺看，它经历了"唐代瓷枕小，宋代瓷枕大，金（南宋）、元瓷枕千变万化"的过程。唐代的瓷枕以娇小精美著称于世，图案多以彩绘几何纹样和花鸟图案为主。这件三彩柿蒂纹枕具备唐代瓷枕的典型特征。

古人使用瓷枕时往往侧卧，头与肩部有高度差，躺在枕上非常舒适。镇江博物馆的藏品中有一件宋代影青雕塑孩儿持荷叶枕[1]，孩儿的侧卧形象就是瓷枕用法的生动写照。瓷枕并非全年使用，炎热的季节可以用来清凉解暑。李时珍在《本草纲目》一书里写道："久枕瓷枕，可清心明目，至老可读细书。"可见瓷枕对人体具有保健作用。瓷枕在发展过程中，顶面往往做成弧形，这符合人体头部的形状，使用起来更加舒服。

除寝具外，瓷枕也用作镇宅、把脉及随葬等。

三、五代

907年，唐朝灭亡，进入五代十国时期。这一时期政权交叠，战火不断，汉族和少数民族文化相互交融、碰撞，民族融合的趋势进一步加强。

公主府五代墓葬[2]

1984年固安县公主府乡砖厂取土时发现此墓葬，共清理2座墓

---

[1] 肖梦龙.镇江市博物馆藏宋影青瓷枕[J].文物，1978（11）.
[2] 廊坊市文物管理处.廊坊固安县公主府砖场五代墓[M]//河北省文物研究所.河北省考古文集（三）.北京：科学出版社，2007.

葬。其中M2平面近圆形，墓室内壁有红、黄、白、黑四色彩绘，残存有砖雕直棂窗一处，砖雕仿木斗拱一朵。柱头斗拱为四铺作把头绞项造，一斗三升，上承撩檐枋、檐椽、瓦，上接雕斗子蜀柱及直臂叉手拱，上承枋子一道，枋上置柱头、辅间斗拱，均为一斗三升。两座墓葬出土白釉碗、盘、盂等随葬品。

五代存世仅53年，河北、京津地区五代墓发现极少，公主府墓葬为五代时期的文物考古研究提供了珍贵的实物资料。

第三节　董满墓出土神煞俑考

1977年，文安县修筑公路时，在城关镇麻各庄村南面发现一座圆形单室墓，出土了一批陶俑，其中有一类俑因形态怪异而引人注目，主要有人首鱼身俑、人首蛇身俑、伏卧俑和镇墓兽等，可统称为神怪俑或神煞俑（如图4-3所示）。

图4-3　董满墓出土神煞俑

人首鱼身俑，或称为人面鱼，是一种人首和鱼身相结合的墓葬神怪俑，徐苹芳先生考证其为《大汉原陵秘葬经》中记载的"仪鱼"[①]。受此观点影响，很多考古简报都直接用"仪鱼"称人首鱼身俑。有学者对仪鱼做过专门统计和研究，总结出其形制和葬俗传播的规律：仪鱼从隋代开始出现于河北地区，多见于唐代河北和河东地区[②]中下阶层的墓葬中，晚唐、五代时期传播到南方，并开始出现于高等级墓葬中。仪鱼按形制特征可分为两种类型，分别流行于河北地区与河东地区、南方地区。南方地区墓葬中的仪鱼应来自河东地区，反映了唐代河东地区葬俗对南方的影响[③]。齐东方先生认为："依据目前的发现，朝阳和北方地区神煞更为流行，山西地区唐墓的神煞发现多不成套，出现的年代也比朝阳和河北地区略晚，可能来自东部朝阳和河北地区的影响。"[④]而人首蛇身俑，徐苹芳先生认为是《大汉原陵秘葬经》中记载的"墓龙"。神怪俑中的跪伏俑、墓龙也和仪鱼一样，在唐代时主要分布在河北地区和河东地区，晚唐、五代以后主要流行在南方地区。

在大唐的政治中心西安地区，墓葬中发现的镇墓神煞俑主要是武士俑、天王俑（盛唐后取代武士俑）和镇墓兽，其次是十二生肖俑，偶尔有跪伏俑。由此可知，仪鱼、墓龙、伏卧俑这类神煞俑主要流行于隋唐时期的河北和河东地区，具有明确的时代特征和区域特征。

秦汉以来，随着羽化成仙思想的流行，人们逐渐将现实生活中

---

① 徐苹芳.唐宋墓葬中的"明器神煞"与"墓仪"制度——读《大汉原陵秘葬经》札记[J].考古，1962（2）.
② 河北地区包括今河南北部的安阳地区、山东省西北部地区、河北、北京、天津及辽宁朝阳地区，唐代属河北道；河东地区指唐代河东道，主要是今山西省境内.
③ 崔世平.唐宋墓葬所见"仪鱼"与葬俗传播[J].东南文化，2013（4）.
④ 齐东方.隋唐环岛文化的形成和发展——以朝阳隋唐墓研究为中心[M]//王小甫.盛唐时代与东北亚政局.上海：上海辞书出版社，2003.

的生产、生活用具及禽畜做成模型搬入墓中，但这时墓葬中随葬的只是明器而无神器。进入魏晋南北朝以后，墓中开始随葬镇墓兽。到隋唐时，神煞制度已然成形。不少学者运用古籍和考古材料对这些神煞进行了考证，王去非先生根据《大唐六典》等史籍记载，将唐墓中镇墓兽和武士俑的组合认定为唐代明器中的四神，四神即"当圹、当野、祖明、地轴"，并推测当圹、当野为两镇墓武士俑，祖明、地轴为二镇墓兽[1]。徐苹芳根据《大汉原陵秘葬经》亦将两个镇墓武士俑判定为当圹、当野。郝红星等人检索了河南、陕西汉文化系统的唐墓，和山西、河北、辽宁等鲜卑文化系统唐墓，认为《大唐六典》所记当圹、当野、祖明、地轴应是处于唐王朝统治中心区域墓葬中的神器类的名称，当圹、当野为两镇墓兽或许更为合适[2]。这种丧葬习俗地域性和民族性的认知无疑是科学的。1986年，河南巩义市康店镇砖厂唐墓出土了两件镇墓兽，其中兽面者背部墨书清晰的"祖明"二字；1991年，巩义市黄冶村南岭唐墓中出土了一件镇墓神兽，背部墨书"祖明"二字[3]。这两件镇墓兽的出土，证明王去非、徐苹芳两位先生的论断是正确的。

关于这些神怪俑的名称，亦有专家持不同意见，称唐宋墓葬出土之人首鱼身俑乃道教雷神，人首蛇身俑为"地轴"或"勾陈"[4]，但不管其称谓如何，这些神怪俑的镇墓、辟邪、压胜的作用是可以肯定的。

晚唐时期，丧葬习俗发生重大变化，用于镇墓的神怪不见了，反映日常生活的随葬品增多，这概与当时的社会状况密切相关。潘

---

[1] 王去非.四神、巾子、高髻[J].考古通讯，1956（5）.
[2] 郝红星，张倩，李扬.中原唐墓中的明器神煞制度[J].华夏考古，2000（4）.
[3] 郑州市文物考古研究所.中国古代镇墓神物[M].北京：文物出版社，2004.
[4] 白冰.雷神俑考[J].四川文物，2006（6）.

镇割据，战乱频仍，上层统治者生活的骄奢腐化，经济的萎缩，人民处于惶惶不可终日的环境之中，人们的精神寄托转向乞求生活安宁、企望福瑞方面。

第四节　中国北方瓷业的兴起与廊坊地区早期瓷器的出土

中国成熟的瓷器发源于南方，浙江上虞在东汉时期烧出了胎质坚硬、釉色莹润的青瓷。三国两晋南北朝时期，以越窑为代表的南方青瓷一直处于领先的地位。

北方瓷业的发展要迟于南方。河北地区先后在邯郸、邢台发现了贾壁窑、临水窑、邢窑、曹村窑和邺城周边的几处窑址[①]，并对部分窑址进行了发掘[②]，获得了一批北朝至隋代青瓷生产的可靠资料。河南地区发现了安阳相州窑[③]、巩义白河窑[④]等窑址，山东地区发现

---

① 冯先铭.河北磁县贾壁村隋青瓷窑址初探［J］.考古，1959（1）.
庞洪奇.峰峰矿区临水古瓷窑遗址调查［A］.磁州窑瓷器研究［M］.北京：紫禁城出版社，2013.
杨文山.隋代邢窑遗址的发现和初步分析［J］.文物，1984（1）.
内丘县文物保管所.河北省内丘县邢窑调查报告［J］.文物，1987（9）.
河北省文物研究所，内丘县文物保管所，临城县文物保管所.邢窑遗址调查、试掘报告［J］.考古学集刊，2004（1）.
黄信.河北邺城地区陶瓷窑址调查报告［J］.文物世界，2018（1）.
② 邯郸市文物保护研究所，峰峰矿区文物保管所.河北邯郸临水北朝至元代瓷窑遗址发掘简报［J］.文物，2015（8）.
河北省邢台市文物管理处.邢台隋代邢窑［M］.北京：科学出版社，2006.
李江.河北省临漳曹村窑址初探与试掘简报［A］.磁州窑瓷器研究［M］.北京：紫禁城出版社，2017.
③ 河南省博物馆，安阳地区文化局.河南安阳隋代瓷址的试掘［J］.文物，1977（2）.
安阳市文物考古研究所.抟土为金——安阳相州窑及相州窑瓷器考古新发现［M］.郑州：中州古籍出版社，2018.
④ 河南省文物考古研究所，中国文化遗产研究院.河南巩义白河窑遗址发掘简报［J］.华夏考古，2011（1）.

了寨里窑[①]、枣庄中陈郝窑[②]等窑址，年代均起于北朝。除窑址外，北方地区部分城址、墓葬中也发现大量早期青瓷器，其中河北景县北齐封氏墓群出土的青釉莲花尊[③]体现出高超的制瓷工艺。根据对窑址的考古调查、发掘和研究，结合城址、墓葬出土青瓷器材料，可得出如下结论：北方早期青瓷的兴起时间为北魏孝文帝迁都洛阳后，主要窑口有白河窑、邢窑等，作为政治中心，洛阳地区成为北魏制瓷的中心区域。此时瓷业规模较小，烧制工艺亦不成熟，以碗、杯、钵等日常生活器皿为主，质量较差；东魏北齐时期，随着政治中心转移到邺城，豫北冀南的磁县与安阳地区成为制瓷业的中心，邢台与山东地区的瓷业也得到极大发展。这一时期，涌现出许多新兴窑口，如曹村窑、临水窑、贾壁村窑、相州窑、寨里窑、中陈郝窑等，北方早期青瓷趋于成熟；隋代，北方早期青瓷走向繁荣，以相州窑和邢窑为代表，安阳和邢台地区成为北方两大制瓷中心，窑业规模和制瓷技术都达到巅峰。唐代，北方白瓷逐渐成熟，至唐代中后期，北方白瓷与青瓷形成分庭抗礼之势。

北方青瓷的出现，填补了北方瓷器生产的空白，打破了南方瓷器独揽天下的局面，形成瓷器生产的南北两大系统。但与南方青瓷相比，北方青瓷的器物种类较少，多数胎体粗糙厚重，含有气孔或细小沙砾，施釉厚薄不匀，釉面斑驳，光洁度较差，总体质量不及越窑等南方青瓷。北方瓷业真正的兴起，是白瓷的出现与逐步成熟。

关于白瓷出现的时间，学术界存在分歧，盖因对"白瓷"的概

---

① 王恩田.山东淄博寨里北朝青瓷窑址调查纪要[M]//文物编辑委员会.中国古代窑址调查发掘报告集.北京：文物出版社，1984.
② 山东大学历史系考古专业，枣庄市博物馆.山东枣庄中陈郝窑窑址[J].考古学报，1989（3）.
③ 张季.河北景县封氏墓群调查记[J].考古通讯，1957（3）.

念界定不一。冯先铭先生认为,"白瓷即胎和釉均为白色的瓷器。白瓷要求胎、釉杂质比青瓷更少,其中铁的氧化物只占1%,或不含铁,以氧化火焰烧成,胎体白,釉色纯净而透明"[1]。不少学者持这种白胎、透明釉的说法[2]。但这种界定也存在一些问题,那些含铁量较高,深色胎体施一层白色化妆土再施透明釉,以及胎体较粗杂质较多施一层不透明的白色釉的产品被排除在外又无处归类。因此,有学者坚持以釉色来划分归属,提出对于中国瓷器来说,无论胎质如何或是否施化妆土,只要在高温中一次烧成且釉面呈白色,就可以视为白瓷[3]。这种界定在实际工作中更便于操作。可以看出,无论对胎、釉怎样界定,高温一次烧成是白瓷的必备条件,早期窑址及墓葬中有部分产品实际上是二次入窑烧成的低温釉陶器,显然不能算作白瓷的范畴。早期白瓷由于原料及烧成温度的差异,可能会出现白中泛青、白中泛黄等情况,但这不影响其白瓷的属性。

历年来有几批早期白瓷材料比较受关注:一是湖南长沙、湘乡等地东汉墓葬出土的一批"白瓷器",因存在较多争议,《中国陶瓷史》较为谨慎地采用"疑似为早期白瓷"的说法,同时指出即使确定这批器物确实为白瓷,考虑到后来在南方并未连续生产,这几件瓷器也成为罕见的孤例[4]。二是河南巩义白河窑出土的早期白瓷,发掘者将这批白瓷与汉魏洛阳城出土的定年为北魏时期的器物进行比

---

[1] 冯先铭.中国古陶瓷图典[M].北京:文物出版社,1998.
[2] 汪庆正.中国古代白瓷研究中若干问题的讨论[A].中国古代白瓷国际学术研讨会论文集[C].上海:上海书画出版社,2005.
  王莉英.从故宫博物院藏品谈早期白瓷[C]//上海博物馆,中国古代白瓷国际学术研讨会论文集.上海:上海书画出版社,2005.
[3] 穆青.青瓷、白瓷、黄釉瓷——试论河北北朝至隋代瓷器的发展演变[A].中国古代白瓷国际学术研讨会论文集[C].上海:上海书画出版社,2005.
[4] 中国硅酸盐学会.中国陶瓷史[M].北京:文物出版社,1982.

对，认为白河窑出土的这批早期白瓷的时代为北魏[①]。不过有学者对汉魏洛阳城出土白瓷器的地层关系提出质疑，通过把白河窑早期产品与北魏洛阳城及其他纪年墓葬出土瓷器进行比较，发现二者在器形与制法上存在一定区别，认为白河窑类型的器物更接近东魏北齐的器物风格，其年代约在东魏北齐之间[②]。此外，也有学者认为白河窑早期白瓷年代为隋[③]。三是1971年河南安阳北齐范粹墓出土的几件白釉器与白釉绿彩器[④]，在相当长的时间内学界普遍认为范粹墓出土的白釉器是中国有明确纪年的最早的白瓷器。《中国陶瓷史》这样描述："范粹墓首次发现了北朝的白瓷，这一发现，把已知白瓷产生的年代上推了一个历史时期。"不过随着研究的深入和科技分析，现已基本断定范粹墓出土的白釉器物为铅釉器，并不是真正意义上的瓷器[⑤]。

对北朝时期出土瓷器的墓葬进行统计，与青瓷相比，白瓷的占比少且釉色均白中泛青或泛黄，火候亦较低，一部分已被确认为釉陶器。有机构对白河窑出土白瓷片进行了实验分析，通过对6个样品进行热膨胀测试，有5个样品的烧制温度在1160℃左右，最

[①] 河南省文物考古研究所，中国文化遗产研究院.河南巩义白河窑遗址发掘简报[J].华夏考古，2011（1）.
[②] 武夏，桂冠，张馨芳.论巩义白河窑出土的早期白瓷年代[J].文物世界，2015（1）.
[③] 森达也.白釉陶与白瓷的出现年代[J].中国古陶瓷研究（第十五辑），2009.
小林仁.白瓷的诞生——北朝瓷器生产的诸问题与安阳隋张盛墓出土的白瓷俑[J].中国古陶瓷研究（第十五辑），2009.
[④] 河南省博物馆.河南安阳北齐范粹墓发掘简报[J].文物，1972（1）.
[⑤] 李国霞，刘建立，赵学锋，等.新发现曹村窑三种釉色陶瓷的初步分析[J].中国古陶瓷研究（第十六辑），2010.
王建保.磁州窑窑址考察与初步研究[J].中国古陶瓷研究（第十六辑），2010.
李江.河北省临漳曹村窑址初探与试掘简报[J].中国古陶瓷研究（第十六辑），2010.
王建保，张志忠，李融武，等.河北临漳县曹村窑址考察报告[J].华夏考古，2014（1）.
李鑫.白瓷起源问题研究再思考[J].华夏考古，2018（4）.

低温度在1140℃左右，处于欠烧状态，有1个样品的烧制温度达到1300℃，超过烧结温度。这就表明样品密度无法处在最大、达到最完美的状态，而且当时对温度的控制技术并不熟练，没有很好地掌握白瓷的烧结温度①。从目前的考古资料来看，成熟白瓷出现于北朝缺乏有力的证据，我们期待将来有更新的发现。但即便如此，北方地区早期窑址和东魏北齐纪年墓葬出土白釉器是客观存在的事实，而且从窑址发掘的情况来看，白瓷的烧制是有意的行为，各个窑场和窑工竞相为烧出质量更为上乘的白瓷在做着最后的努力，这就为隋代成熟白瓷的诞生以及北方瓷业的兴盛迈出了坚实的一步。

589年隋文帝杨坚完成统一后，结束了南北朝长达170年的分裂局面。社会的安定、经济的繁荣带来了制瓷业的兴盛，白瓷的生产亦得到迅速发展。以河南安阳张盛墓②、陕西西安李静训墓③为代表的一批隋代墓葬中出土了大量白瓷，从胎、釉等各个方面均达到了成熟白瓷的标准，河北邢窑遗址更是出土了罕见的透影白瓷。及至唐代，白瓷更是进入了繁荣时期，这一时期生产白瓷的窑场大量增加，而且主要集中在北方地区，按照其胎体的精致程度可划分为精细白瓷和带有化妆土的化妆白瓷，其中比较有代表性的有河北的邢窑、定窑、井陉窑，河南的巩义窑，陕西的耀州窑，山西的介休窑、霍州窑等，此外诸如河南鹤壁窑、登封窑、鲁山段店窑，河北的磁州窑等，也有白瓷的生产。南方青瓷与北方白瓷交相辉映，在唐代中晚期形成了中国古代陶瓷"南青北白"的生产格局，为宋代名窑迭起的瓷业盛况奠定了坚实的基础。

---

① 贾强政.利用现代分析技术对白河窑白瓷的探究[D].郑州：郑州大学，2017.
② 考古研究所安阳发掘队.安阳隋张盛墓发掘记[J].考古，1959（10）.
③ 唐金裕.西安西郊隋李静训墓发掘简报[J].考古，1959（9）.

廊坊地区在历年的考古工作中出土了一批时代较早的瓷器,挑选部分藏品介绍如下:

青釉四系罐
隋代
高25厘米 口径10厘米 足径10.5厘米
1999年永清县通泽村张善敬墓出土

青釉四系罐,直口、短颈、溜肩、垂腹,腹以下内收,饼形足微外侈。肩附四系,系略高于口沿。胎体呈灰色,胎质粗杂。器表施青釉,釉流动致使釉面不甚均匀,积釉处色深,有凝脂状泪痕,施釉未及底。

根据胎、釉及器物的制作特征,判断这件青釉四系罐应为邢窑产品。它出土于隋大业十二年(616年)张善敬墓,纪年明确,可视为隋代北方青瓷的标准器。

青釉碗
隋代
高8.3厘米 口径14.5厘米 足径7.3厘米
三河市临泃故城遗址出土

青釉碗,口内敛,弧形深腹,腹以下向内斜收;平底,底足微侈并略向内凹。胎体较厚，胎质粗杂，胎色青灰。施透明釉，釉层较薄，釉面斑驳不匀。器内底部有3个等距分布的圆点形支钉痕，周围有深青色积釉。器表施半釉，近底部以下露胎无釉，有乳白色化妆土垂流痕迹。

青釉钵
唐代
高10.9厘米　口径21.7厘米　底径8.5厘米
1974年霸州市范家坊墓葬出土

青釉钵，敛口，弧壁，深腹，平底。内壁沿下有一周突起的弦纹。胎体青灰色，胎质粗杂。釉色青黄，器内施满釉，器外施半釉，釉色不甚均匀，有积釉和垂釉现象。釉下施白色化妆土。

青釉碗
唐代
高9厘米　口径16.8厘米　底径6.8厘米
1974年霸州市范家坊墓葬出土

青釉碗，敞口，斜壁，深腹，实足。胎体呈青灰色，胎质粗杂。器内满釉，器外半釉，施釉不甚均匀，釉厚处呈青色，釉薄处泛黄色。釉下施白色化妆土。

青釉双系罐
唐代
高9.6厘米 口径4厘米
1980年霸州市平口村墓葬出土

青釉双系罐,直口,卷沿,短颈,丰肩,圆鼓腹,饼形足。肩两侧各置一双泥条系。胎呈青灰色,胎质粗杂。施釉不甚均匀,釉厚处呈深青色,釉薄处泛青黄色,釉层较薄,莹润光滑。釉下施白色化妆土。下腹部及底足无釉。

青釉执壶
唐代
高20.5厘米 口径7.5厘米
1976年大城县刘固献墓葬出土

青釉执壶,侈口,圆唇,长颈,丰肩,斜弧腹,平底外侈。肩上附管状短流,与之对应的一侧颈、肩部设双系泥条柄。胎体厚重,胎质粗杂,胎色灰白。器表施透明釉,釉色白中泛黄,釉层较厚,有细小的开片纹理,釉面不甚均匀,呈现出深浅不一的斑痕,积釉处呈浅绿色。釉下施白色化妆土。近底部露胎无釉。

从胎质、釉色及烧制工艺分析,该执壶为晚唐时期邢窑产品。

白釉碗
唐代
高4.2厘米　口径13.3厘米　底径6.8厘米
1989年文安县西关1号墓出土

白釉碗，圆唇，敞口，浅腹，饼形足，足底稍内凹。胎体较厚，质较粗疏，含细小沙砾，胎色青灰。器表施白色釉，釉层较厚，釉面不甚均匀，积釉处略显青色。内满釉，外壁下腹部及底足无釉。内底有三个支钉烧痕。

白釉杯
唐代
高5.4厘米　口径7.5厘米　底径4.7厘米
1989年文安县西关1号墓出土

白釉杯，尖圆唇，口微侈，深腹直壁，假圈足稍内凹。胎体致密，但不够纯净，含细小杂质，胎色较白。胎上先施白色化妆土，再罩透明釉，釉层肥厚，釉色纯白。施釉不到底。

白釉葵口盘
五代
高3.5厘米　口径14厘米　底径3.5厘米
1984年固安县公主府2号墓出土

白釉葵口盘，五瓣葵花口，薄唇外侈，浅腹，腹壁斜直，近底内收，圈足，足墙外侈。胎体白色，质地细腻坚致。器内施满釉，器外近底及圈足无釉，釉层薄且匀净。釉色白中泛青，釉面光润。这件葵口盘应为定窑产品。

白釉瓜棱形盂
五代
高9厘米　口径6厘米　底径7厘米
1984年固安县公主府1号墓出土

白釉瓜棱形盂，小口，圆唇，溜肩，圆鼓腹，腹下斜收，矮圈足近直。腹上部压印五条纵向凹槽，呈瓜棱形状。胎体致密，胎色略发黄。器内施满釉，器外近底部及足不施釉。釉层较薄，釉色白中略泛青灰。该盂造型别致，釉层薄且均匀，釉面莹润，为五代时期定窑佳作。

廊坊地区出土的早期瓷器，包含青釉器、黄釉器、白釉器三大类，多为邢窑、定窑等河北窑口烧造，大部分器物的胎、釉制作较为粗糙，反映的是民间制瓷的工艺水平，例如隋代张善敬墓青釉四系罐，造型稳健端庄，但胎质不够细腻，施釉也不够均匀。及至唐、五代，精细白瓷陆续产出，其胎质细腻坚致，釉面匀净光润，制瓷技术日趋成熟。廊坊地区早期瓷器的出土，生动地映射了北方瓷业的发展历程，从无到有，从糙到精，直至与南方瓷业并驾齐驱，形成"南青北白"的瓷器生产格局。

第五节　重要历史人物

王之涣(688—742年),字季凌,原籍山西晋阳(今山西太原市西南),五世祖王隆任北魏绛州刺史,入籍绛州,后其曾祖王信、祖父王表、父亲王昱均在朝为官,随宦徙籍于洛阳(今河南省洛阳市)。盛唐时期著名诗人。

王之涣自幼聪明好学,《唐故文安郡文安县尉太原王府君墓志铭并序》(以下简称墓志铭)称其"幼而聪明,秀发颖晤。不盈弱冠,则究文章之精,未及壮年,已穷经籍之奥"。元代辛文房《唐才子传》说他"少有侠气,所从游皆五陵少年,击剑悲歌,从琴纵酒。中折节攻文,十年名誉自振"。

虽年少成名,王之涣仍"耻困场屋,遂交谐名公",即托付达官贵族为自己谋求官职,再加上自己是"荫补"出身,在30多岁的时候谋得冀州衡水县主簿的职务。在任期间,他才高气傲,性格耿直,不愿趋炎附势、卑职折腰,后又遭人诬告,便愤然辞官,"解印"还乡。

在家闲居期间,王之涣纵情山水,广交文坛名士。墓志铭说他"遂优游青山,灭裂黄绶。夹河数千里,籍其高风"。著名的《凉州词》《登鹳雀楼》就是在这一时期完成的,留下了"黄河远上白云间,一片孤城万仞山""欲穷千里目,更上一层楼"等千古绝句。

王之涣在家乡过了15年闲散的自由生活,后在亲友的劝说下,复入仕途,于唐开元二十三年(735年)补官文安县尉。王之涣任县尉几年，政绩卓著，拟被升为京官，却身染重疾，于天宝元年（742年）卒于官舍，享年55岁，翌年葬于洛阳北邙山。

王之涣在文安任职期间，为官清廉，秉公执法，墓志铭称其"在职以清白著，理人以公平称"，深受百姓的敬仰和称颂，至今文安仍流传着他"回礼戏贪官""兴办义学""智审黄狗案""发明锅炮鱼"等民间故事。

第五章　边关烟云

（宋　辽　金　960—1279年）

宋辽以白沟河为界，廊坊地区分属两国，既是两国贸易的榷场，更是文化交流的前沿。廊坊地区贸易、文化的交流，增进了官民交往，促进了民族间的融合。金朝统一北方，与南宋形成对峙的局面，廊坊则又一次汇入了民族融合的时代潮流之中。

第一节　建置沿革

辽。廊坊地区北部属南京道析津府。会同元年（938年），置香河县（治武清孙村，即今淑阳镇。辖今香河县和天津市宝坻区、宁河县）。三河县、香河县、安次县、固安县、永清县属南京道幽都府。开泰元年（1012年），改幽都府为析津府。

北宋。廊坊地南部属河北东路，霸州、信安军、保定军属之。霸州领文安、大城、永清三县。太平兴国六年（981年），淤口寨改破虏军（军制与州同），割霸州之永清、文安、大城三县317户属之；于涿州新镇（今文安县新镇）建平戎军，析霸州之文安县、大城县500户属之。景德元年（1004年），改破虏军为信安军，改平戎军为保定军。景祐二年（1035年），废永清县入文安县，徙文安县治于永清城（今霸州镇），皇祐元年（1049年），迁回原治（今文安县文安镇）。政和三年（1113年），赐霸州名永清郡，领文安、大城二县。宣和五年（1123年），收复香河县，赐名清化县。宣和七年（1125年），清化县复入金。

金。廊坊地隶燕京路析津府。天会三年（1125年），清化县复名香河县，天会七年（1129年），改属河北东路析津府。天德三年（1151年），三河隶通州（原潞县）。贞元元年（1153年），改属中都路大兴府。大定二十七年（1187年），降信安军为信安县。大定二十九年（1189年），于益津关置益津县（县治今霸州镇），隶霸州。此时，中都路领通州（辖通州、三河）、大兴府（辖香河、安次、永清、武清等县）、涿州（辖固安等县）、霸州（辖信安、益津、文安、大城县）等。元光元年（1222年），信安县升为镇安府。

第二节　重要考古发现

一、北宋

960年，北宋建立。为抵御辽兵南下，北宋在拒马河南岸增设了许多军、州、营、寨，作为抗辽壁垒，现今廊坊境内很多村落都是在这些军寨的基础上发展而来的。"澶渊之盟"后，宋朝边境的雄州、霸州等地成为宋辽贸易往来的榷场，农业、手工业、商业得到恢复与发展。

（一）宋辽边关地道①

已发现的宋辽边关地道，分布于永清南部、西南部的6个乡镇11个村街（如图5-1所示），乃宋辽对峙时期，北宋为了抵御辽兵南侵修筑的地下军事工事。

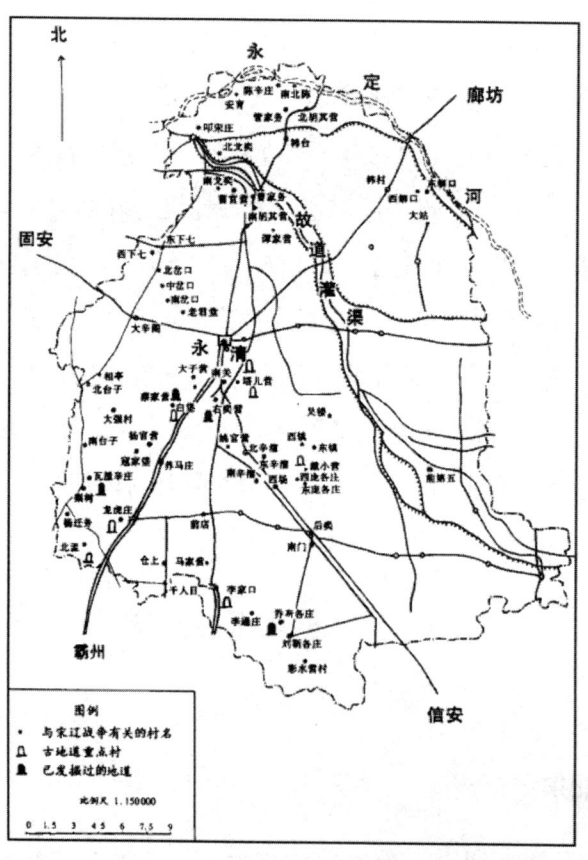

图5-1 永清县古地道分布示意图

---

① 廊坊市文物管理所.永清县古地道调查与发掘简报［J］.文物春秋，2000（3）.

地道以统一规格的青砖砌筑,券顶结构,构造复杂、布局巧妙,既有较为宽大的"藏兵洞",又有较为窄小的"迷魂洞",还有翻板、夹壁墙、掩体、闸门等军事专用设施。此外,洞体大都与水井相通,并设有通气眼及灯龛、土炕等生活设施。

除永清外,雄县的邢村、祁岗也有类似的地道被发现,明嘉靖《霸州志》、民国《雄县新志》、民国《新镇县志》也都有关于地道的记载,可见其规模要比目前发现的更大,有专家经过考证后,将其誉为"地下长城"。

2006年,永清县边关地道遗址被国务院公布为第六批全国重点文物保护单位。

(二)盐水河遗址

位于今霸州城内东北部,1967年被发现。出土酱釉盏、白釉长颈瓶、白釉盘等瓷器;泥质灰陶罐、盆、槽等生活用具;泥质灰陶兽面圆瓦当等建筑材料;圆形、多面体陶弹丸、擂石;"元丰通宝""熙宁重宝"年号铜钱币等宋代遗物。

据《宋史》记载,景德元年(1004年),北宋在霸州设榷场,以利与辽的官民进行贸易。盐水河遗址出土的瓷器或与这些贸易往来有关。

白釉行炉
宋代
高13厘米 口径13厘米 底径6.7厘米
1976年霸州市盐水河遗址出土

| 历史的印记

白釉绿彩行炉
宋代
高11厘米 口径16.9厘米 底径9.6厘米
1976年霸州市盐水河遗址出土

　　行炉是行香过程中可手持行走使用的香炉。所谓行香是南北朝时期形成的一种礼佛仪式，皇室及官员多在特殊日子入寺行香，至唐代国忌（帝、后忌日），行香成为朝廷的法定仪式。行炉大致分为两种，一种是金属的，带长柄，称鹊尾炉，始于南北朝；另一种是陶瓷的，多折沿、筒腹、高足，因其形似豆，也称豆形炉。陶瓷行炉自唐代开始出现，至宋代随着瓷器业的大兴逐渐成为主流，除佛事活动外，祭祀、仪式、祈福、文人聚会等场合也广为应用，样式也更加精美繁多。豆形炉在使用时，需要预置为焚香特制的香灰，再在上面放置银制或玉制的隔火，上面再放香料。宋人喜银制的隔火，将其称作"银叶"，焚香时求少烟、多气，香味长久，以此来增添生活的情趣。入元以后，线香出现，民间佛事活动中所用行炉逐渐被线香取代，唐宋时期盛行的行炉逐渐退出历史舞台。

酱釉盏
宋代
高5厘米 口径10.8厘米 底径3.7厘米
1976年霸州市盐水河遗址出土

（三）郭底宋墓

　　位于大城县郭底村西北，1975年被发现。为一圆形单室穹窿顶砖墓。墓门东向，墓内出土白釉刻莲瓣纹注壶、抄手式澄泥砚、白釉碗、黄釉注壶等随葬器物。

白釉刻莲瓣纹注壶
宋代
高15厘米　口径4厘米　底径8.5厘米
1975年大城县郭底村墓葬出土

注壶是唐代出现的一种酒具，习惯称之为"执壶"。这类器型在宋辽时期最为常见。这件注壶通体施白釉，釉面匀净，造型端庄古朴，装饰纹样洗练疏朗，刻画手法豪放流畅，与丰满圆浑的器形相匹配，颇具庄重典雅之美。此壶属中原传统器型，其工艺手法则突出了辽瓷制作风格，是汉、契丹两个民族制瓷工艺相结合的精湛之作。

抄手式澄泥砚
宋代
长16厘米　宽9.7厘米　厚3厘米
1975年大城县郭底村墓葬出土

砚的实用功能是磨墨，与笔、墨、纸合称中国传统的文房四宝。砚台以广东肇庆的端砚、安徽歙县的歙砚、甘肃洮州的洮河砚、山西新绛县的澄泥砚最为著名，称"四大名砚"。

最早出现澄泥砚一名应为南唐张洎《贾氏谈录》："绛县人善制澄泥砚，缝绢囊置汾水中，踰年而后取，泥沙之细者已实囊矣，陶为砚，水不涸焉。"这不仅是现有文献中最早明确出现澄泥砚，也是关于澄泥砚制法最早的记载。其制法大致是取河床下的泥，淘洗后，用绢袋盛之，口系绳再抛入河中，使其继续受水冲洗，如此两三年之后，绢袋中的泥越来越细，然后入窑烧成砚砖，再雕凿成砚。澄泥砚是四大名砚中唯一一种由泥合成的名砚，其质地细腻，具有"贮墨不耗，积墨不腐，呵气生津，触手生晕、发墨而不损毫"的特点，历来被文人墨客所推崇。

抄手砚是宋代最常见的砚式之一，它是从唐代的箕形砚演变而来的，最显著的特点是长方形前窄后宽、底部挖空，可用手抄底托起。这款抄手式澄泥砚底部中心位置有"绛州裴第三罗土澄泥造" 10 字阳文印铭，砚质细腻，色调与形制达到了完美统一的境界，是澄泥砚中难得的佳作。

（四）其他重要发现

官窑粉青釉碗
宋代
高 7.8 厘米　口径 19.8 厘米　底径 6.6 厘米
1957 年安次区西固城何氏墓出土

官窑粉青釉碗，圆唇，敞口，弧腹，圈足。足底露胎，质细腻光滑，呈黑色。多次施釉，釉层较厚，釉色青中带粉，施釉均匀，温润如玉。口沿因釉薄而显紫色，与黑色底足相配呈现"紫口铁足"。器表遍布大小不一的冰裂开片。

官窑是宋代五大名窑之一，因烧制要求严苛，其产品存世量极少。这件粉青釉碗出自明代都知监何氏墓，能够看出明代的宫廷也把它看作传世珍品。该碗素面无纹，但端庄的造型、温润的釉面、大小不一的开片，处处体现出大美至简的宋代审美情趣。

二、辽

907年，辽朝建立，廊坊为草原帝国与中原政权对峙所在。出土的精美白瓷器皿及佛教文物，不但代表着辽代制瓷技术、装饰工艺的高度发展水平，也是宋辽两国贸易、文化交流、民族融合的见证。

（一）大辛阁石塔

位于永清县大辛阁村南，汉白玉石质，通高6米，为八角密檐式实心塔，由座、身、檐等部分组成。底座为八角须弥座，每面束腰处雕兽头，须弥座上为圆形仰莲托盘。其上为塔身，亦作八角形，每角雕出凸棱作角柱。塔身正面浮雕两扇四抹头球纹格扇门，门上浮雕团龙；两侧面浮雕披甲执兵力士各一尊；塔身背面浮雕佛像一尊，着敷搭双肩袈裟，手结禅定印，结跏趺坐于须弥座上。塔檐作八角形，共十三层，由下而上逐渐内收，每层檐均以一整块石头雕成，檐顶面雕瓦垄，檐端刻出滴水、勾头。最下一层塔檐底面刻出

| 历史的印记

图5-2　大辛阁石塔

檐椽、飞椽、角梁，每角雕斗拱一朵，为出一跳三华拱①，上承替木、拱檐及角梁。最上一层塔檐以八角攒尖式结顶，塔刹已佚失（如图5-2所示）。

据清于敏中等编纂的《钦定日下旧闻考》载"（永清）县西北十五里辛窖村龙泉寺有白石塔"，即此塔。大辛阁石塔与北京房山区云居寺内辽代石塔的形制极为相似，具有典型的辽代风格。

2013年大辛阁石塔被国务院公布为第七批全国重点文物保护单位。

（二）王龙陀罗尼经幢②

经幢原位于固安县王龙村村西，1997年被盗走两段有雕刻的部分，仰莲石盘被摔断为两截。2010年修复重立，缺失部分按原尺寸补配，但未施雕刻以增加其可辨识性。

---

① 出跳：建筑学名词。铺作中自栌斗口、交互斗口向内或外挑出一层拱或昂。向内跳出称里跳，向外跳出称外跳。

② 张晓峰，陈卓然.固安王龙金代陀罗尼经幢［J］.北京文博，2002（2）.

幢为汉白玉石质，通高近7米，分为座、身、顶三部分，共由13层石雕构件组成。第一层为八边形基座，侧面浮雕瑞兽图案，上面雕莲花；其上为幢身，第二、六层为八棱形石柱，分别雕刻"神赞天辅皇帝万岁齐天彰德皇后储君亲王公主千秋特建消灾报国佛顶尊胜陀罗尼幢"、尊胜陀罗尼经、般若波罗蜜多心经。第八、十层为丢失重修的两节石柱，原件浮雕佛像、伎乐。石柱间叠置八角形盘状石雕，分别雕兽头衔环、璎珞、帷幕、飞天、凤鸟等图案；顶为宝瓶形（如图5-3所示）。

图5-3 王龙陀罗尼经幢

依据刻铭中的"天辅皇帝""彰德皇后"，推断经幢应为辽圣宗年间修建。

经幢本是以织物制成，在幢上书经，可随风飘转，以代诵经。佛教传入中国之后，改用石雕刻，以期不朽。王龙陀罗尼经幢由多组精致的浮雕构件组合成完美的整体，造型灵动美观，体现了辽代石雕艺术的高超水平,堪称辽代石经幢中的精品。

(三)前南庄墓幢[①]

1990年出土于安次区前南庄村,为辽大康七年(1081年)十月"奉昌"等为亡故父母所立。青石质,通高3.14米,八面柱体,由座、身、顶三部分组成。底节幢身阴刻楷体《佛顶尊胜陀罗尼经》、立幢人家世、立幢时间、立幢经过等内容。上节幢身四个大面龛内各雕坐姿佛像一尊,为佛教中的四方之佛。四个小面阴刻佛像名称(见图5-4)。

图5-4 前南庄墓幢

墓幢是经幢的一种,为佛教信徒于墓地所立,也称坟幢或墓铭幢。这座墓幢幢体比例匀称,造型古朴典雅,雕刻手法细腻,是一件珍贵的古代石刻艺术品,也是河北省发现的首座保存较完整的辽代墓幢。

---

① 陈卓然.廊坊市发现一座辽代墓幢[J].文物春秋,1997(2).

(四)西永丰辽代壁画墓①

1999年安次区西永丰村群众在村西北发现，廊坊市文物管理处进行抢救性发掘。单室砖墓，由砖砌仿木结构的照壁、墓门、甬道、墓室组成。墓室为正八边形，圆形穹隆顶。墓内壁及墓顶彩绘人物、竹、鹤、牡丹花等。出土陶器、瓷器、木桌椅、铜镜等类随葬品43件（如图5-5、图5-6所示）。

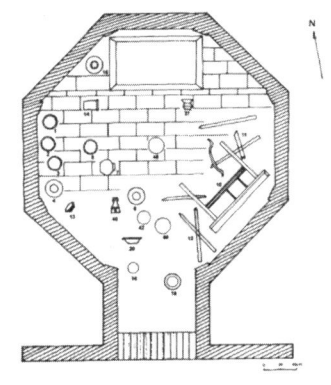 

图5-5 墓室平面图　　图5-6 墓室剖面图

西永丰辽代壁画墓的照壁、门墙、墓室保存基本完好，仿木结构完整，彩绘色彩鲜艳，为研究辽代汉民族的墓葬结构提供了较为完整的资料。墓中出土的精细白瓷形制规整，胎薄质洁，釉面薄而莹润，呈半透明状，为辽瓷中的精品。木桌椅是中国早期家具的珍贵实物资料，对研究中国古代家具发展史具有重要的价值。

---

① 廊坊市文物管理处，安次区文物保管所.廊坊市安次区西永丰村辽代壁画墓[J].文物春秋，2001（4）.

白釉洗
辽代
高5.5厘米　口径13.8厘米　底径7.4厘米
1999年安次区西永丰墓葬出土

洗也称笔洗，为常见的文房用具，用于洗笔或调色、墨。这件白釉洗胎壁较薄，通体光素，但釉色温润，造型洗练优美，为辽代白瓷中的佳品。

白釉刻莲瓣纹杯
辽代
高5.1厘米　口径8厘米　底径3.9厘米
1999年安次区西永丰墓葬出土

白釉刻莲瓣纹杯，圆唇，直口，深弧腹，矮圈足。口沿下刻尖头仰莲瓣纹一周，腹部为棱状凸起的花瓣脉络。器表施白色化妆土，施透明釉。胎体洁白细腻，烧结致密，制作手法及工艺水平与定窑极为相似，体现出辽瓷制作的高超技艺。

墓中出土一桌二椅，均以柏木制成。桌面呈长方形，为攒边打槽装板结构，大边之间以三横梁相连，桌面心板由三块薄木板镶成，心板与横梁用木钉相接。圆形腿足间分别以二枨连接，大边与横枨间以六根矮老支撑。椅面四框卯合，大边间有两条串带，两短抹内侧开浅槽，都是为了承托椅面，椅面板已失，串带上留有用以连接面板的木钉。方形腿足，两前足间装有透雕如意纹样的挡板，短抹下有一根横枨，后大边下无枨。靠背由横枨与后腿足连接而成，一件为二枨，搭脑两头翘起，略具弓形；另一件一枨，直搭脑。

木桌、木椅（两件）
辽代
木桌：高59厘米　长100厘米　宽59厘米
木椅：第一件高70厘米　长41厘米　面宽41厘米
　　　第二件高65厘米　长38.5厘米　面宽38厘米
1999年安次区西永丰墓葬出土

（五）栖隐寺塔地宫[①]

栖隐寺塔，位于香河县于辛庄村南，又名香城塔，为九层八面砖砌实心塔，是栖隐寺内的建筑之一。据《香河县志》记载："于辛庄村南的栖隐寺有一古塔，建于辽圣宗统和二十四年（1006年），塔高23米，远眺近睹，蔚为壮观。"栖隐寺早已无存，寺塔经清康熙、光绪年间两次重修，1976年唐山大地震时被震毁。考古工作者清理塔基时，于地表下0.7米处发现一个边长0.9米的方形穹隆顶地宫，内置白釉净水碗、白釉塔式罐、陶质仰莲托座各1件，白釉葵花式盘16件。

[①] 张兆祥.香河县栖隐寺塔内发现辽代瓷器［J］.文物春秋，1989（1）.

| 历史的印记

白釉塔式罐
辽代
通高58.5厘米　口径8厘米　底径16厘米
1976年香河县于辛庄栖隐寺塔地宫出土

塔式罐,由塔刹、塔身、塔座三部分构成,整体为圆柱形,腹部中空,可贮物。塔刹与塔身分制,塔刹由相轮、宝瓶、华盖组成;塔刹即罐盖,盖下方作子口,与罐口相扣合。塔身上作12层单檐,檐与檐间隔自上而下逐渐变窄,中间鼓,两端略内收。檐以下塔身呈筒状,素面无纹饰。基座为圆形须弥座,由上小下大的两个圆形坡面基台组成,基台坡面上刻双层覆莲纹饰,线条粗犷。两层基台中间束腰处有一道凸棱。大平底。通体施白色釉,局部有积釉现象,略显青色。

塔式罐是受印度佛教影响的产物,此罐为建塔时放置的佛教祭器,其造型独特,端庄朴厚,体现出小器大样的制作技巧。

白釉净水碗
辽代
高10厘米　口径14厘米　足径5厘米
1976年香河县于辛庄栖隐寺塔地宫出土

净水碗属佛教器具,"佛具有六种,花、涂香、水、烧香、饭食和灯烛。"其中"水"用碗来盛放,故名"净水碗"。此碗胎质洁白细腻,造型精巧别致,瓷化程度高,胎壁极薄,在阳光下呈半透明状,是辽白瓷中的罕见之物。

（六）三河市行仁庄74SJM1①

位于三河市行仁庄村北。1974年春秋,村民平整土地时发现多座墓葬,其中年代为辽代晚期的74SJM1出土了较丰富的遗物。墓中出土的白釉刻萱草纹碗、白釉刻双鱼纹碗胎薄釉润,刻划线条自然流畅,工艺水平高超,尤其是白釉莲花钵温壶造型精巧,颇为引人注目（见图5-7）。

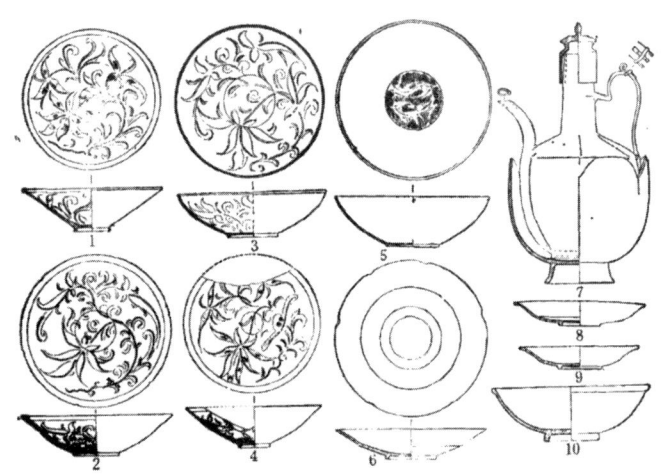

图5-7　出土瓷器
1~4.白釉刻花碗　5.白釉刻双鱼纹碗　6.白釉葵口盘
7.白釉莲花钵温壶　8、9.白釉盘　10.白釉碗

---

① 河北省文物研究所,河北大学历史系,三河县文物保管所.河北三河县辽金元时代墓葬出土遗物[J].考古,1993（12）.

| 历史的印记

（七）其他重要发现

白釉瓜棱提梁壶
辽代
高20厘米　底径8厘米
1986年永清县东关墓葬出土

壶体呈瓜形，壶盖与壶身连为一体，盖沿下方设一圆柱形短流，盖内凹，构成一贮池，中心有一孔，便于注水，孔上方设扁条拱形钮，宜于遮尘。提梁捏塑一瓜藤主蔓，似一拱桥横跨在盖沿之上，匠师又巧妙地捏塑了两个瓜蔓分枝，附于主蔓两侧，既增强了壶梁的支撑力度，又富有装饰性。这件白釉瓜棱提梁壶的成功之处，是制瓷匠师把陶瓷工艺与自然物有机结合起来，丰富了瓷器的造型，将自然物的生动形象与高超娴熟的制瓷技艺融为一体，堪称艺术佳作。

三、金

1115年，完颜阿骨打统一女真各部建立金朝，并先后灭辽、北宋，以秦岭、淮河为界与南宋对峙。金朝在南进中原后，继承了辽代社会盛行佛教的风习，受到了宋地佛教的影响，佛教得以发展。

（一）于沿村金代宝严寺塔地宫[①]

金代宝严寺塔地宫位于固安县于沿村村东，1976年被发现。塔基底部中心置长方形石函一合，据石函铭刻和墨书砖铭可知，此处

[①] 河北省文物研究所，河北大学历史系，固安县文物保管所.河北固安于沿村金宝严寺塔基地宫出土文物［J］.文物，1993（4）.

是金代固安县于沿村宝严寺众僧及信徒于天眷元年（1138年）为瘗埋"士海幢佛牙真舍利"修建的地宫。地宫石函内出土遗物丰富，材质有金、银、铜、铁、玉、水晶、瓷、骨、陶、松香等，器类有供养器、法器、生活用器和装饰品等，门类之繁、做工之精，令人瞩目。其中金鹊尾炉、银鎏金佛舍利柜、银八棱提梁熏炉、银佛幡等堪称精品。它们采用钣金、锤铆、錾刻、编接、铸造、抛光、凿镂、焊接等多种工艺，体现了金代金银细工工艺的超高水平，是河北省金代考古的重要收获。

石函
金代
通高71.5厘米 函长79厘米 函宽62.3厘米
1976年固安县于沿村宝严寺塔地宫出土

800多年前，廊坊地区笼罩着辽金战火的烟云，有一座"大木塔"焚于金兵南进的战火之中，当时固安县于沿村宝严寺的众僧和信徒为了瘗埋木塔中的舍利，专门修建了地宫。这件石函当时置于塔基底部的中心，汉白玉质，由函盖、函身两部分组成。函盖顶面中部阴刻楷书"士海幢佛牙真舍利"8个大字，其右上方阴刻楷书小字"维天眷元年三月十一日庚辛时建"，左下方刻"大金国燕京涿州固安县宝严寺"。四侧斜刹阴刻楷书多行，各行自右至左字数不等。函身一面空白，其余三面分别刻载建造于沿村宝严寺舍利塔布施人姓名。石函内出土文物丰富，有金、银、铜、铁、玉、水晶、瓷、骨、陶等类文物46件。

天眷元年题记砖
金代
长43厘米 宽21.7厘米 厚7厘米
1976年固安县于沿村宝严寺塔地宫出土

楷体墨书，记载了中国北方一段发生巨变的历史："大军兴金国，收到四朝天，赵家二帝，上皇削帝名，少帝去号尊名，东行（帆）海而往。"讲述的是金兵擒辽天祚帝灭辽，宋徽宗在金兵包围汴京时禅位于太子桓（宋钦宗），徽钦二帝被金兵掳而北上，宋高宗在金兵攻势下南逃漂泊海上，后还都临安这段历史。题记中的"收到四朝天"正是指金国得到了辽天祚帝和赵家徽、钦、高宗四朝淮河以北的北方天下。砖左侧续书一行"因大军破赵收齐焚大木塔得此舍利"，记述的是金兵南下征战中焚大木塔得到佛舍利的事件。

天辅十年题记砖
金代
长43厘米 宽21.7厘米 厚7厘米
1976年固安县于沿村宝严寺塔地宫出土

题记砖正面楷体墨书"大金国天辅十年天会十五年至天眷元年/天会十年五月是日南老院东塔定光佛/舍利塔了手起意发愿收拾至天眷元年/三月十一日方启首造宝严寺金穴舍利/塔当寺提点英悟大师具实事录记圆停□/"。记述了宝严寺僧众为瘗埋"士海幢佛牙真舍利"修建地宫这一事件。

银鎏金佛舍利柜
金代
柜高12.8厘米　长21.4厘米　宽11.8厘米
底座高16厘米　长26.3厘米　宽15.5厘米
1976年固安县于沿村宝严寺塔地宫出土

所谓舍利柜，就是用来装盛舍利的盒子。舍利子，印度语叫作驮都，也叫设利罗，相传为释迦牟尼佛遗体火化后结成的珠状物，后来也泛指佛、高僧的遗骨。

这件舍利柜为银质，原有鎏金，现多脱落，由柜和基座两部分组成。盝顶长方形，柜口沿微内斜，与盝顶盖呈子母口相扣，柜、盖后侧以链相连，前面有司前和梅花、兽面形铺首饰，其上带有长条形锁。基座为束腰须弥座，座身中空，基座四角各置一金刚力士铸像，力士头戴冠，袒肩露膝，背向基座中腰，面向外，肩负须弥座上两级，手扶双膝，呈用力支撑状。

舍利柜钣金锤揲成型，錾刻花纹。柜盖顶面錾刻一对翱翔飞鸟衔花图案，两侧錾刻游龙戏珠图。柜身正、背、左右两侧分别錾饰六个或三个长方形画面。正面中间是一对身着铠甲、合掌相对的护法神将，两侧分别饰手持拍板、琵琶、排箫、笙，呈拍打、弹、吹等不同姿态的乐伎；背面中部两幅为手舞长带的舞伎，两侧自左而右为右手持棒欲拍击长腰鼓，或吹长笛或吹短箫，或击打方响的乐伎；左侧面为弹拨琴弦、吹奏横笛和排箫的乐伎；右侧面为单手持棒击拍腰鼓、双手持槌击打扁鼓和弹拨琵琶的乐伎。画面人物头戴花冠，配以光环，身着宽衣，臂缠长带，衣带飘逸，富有动感（如图5-8所示）。

图5-8 柜体人物线图

舍利柜盖内侧面刻有"严村宝严寺西史毛贾三村邑众等共办此之佛舍利柜 一所天会十二年五月一日永记"字样,时代明确,工艺精美,装饰内容丰富,是金代金银制舍利柜中的代表作。

银八棱提梁熏炉
金代
通高11厘米　口径7.9厘米　底径5厘米
1976年固安县于沿村宝严寺塔地宫出土

(二)晓廊坊金代墓群

2012年,廊坊市文物管理处对晓廊坊小区基建工程中发现的古墓葬进行了抢救性发掘。此次共发掘17座墓葬,其中长方形砖圹墓8座、圆形单室砖墓9座,分为两个区域,排列有序,推测应为两个家族的墓地。

(三)老辛庄金代砖室墓

位于三河市老辛庄村,2016年抢救性发掘,共有两座墓葬,其中M1为方形穹顶单室墓,出土铜、银、瓷、陶、骨、木、玉等质地文物70余件。

方形穹隆顶砖室墓在廊坊地区首次发现,填补了当地金代墓葬形制的空白。

(四)其他重要发现

梅瓶也称"经瓶",最早出现于唐代,宋辽时期较为盛行,并且出现了很多新的品种。近代许之衡在《饮流斋说瓷》一书中详细地描述了梅瓶的形制、特征以及名称的由来:"梅瓶口细而颈短,肩

| 历史的印记

白釉刻划牡丹纹梅瓶
金代
高38厘米 口径2.6厘米 底径12.5厘米
旧藏

极宽博,至胫稍狭,抵于足微丰,口径之小仅余梅之瘦骨相称,故名梅瓶。"关于梅瓶的用途,磁州窑白地黑花梅瓶器腹有"清沽美酒"与"醉乡酒海"的诗句。由此可知,梅瓶是一种酒具,同时也是一件令人爱不释手的观赏品。因此,这类器物多制作精美,不但考虑到贮酒容量,还很注意造型优美。

这件梅瓶肩部圆浑丰满,收腰恰到好处,显得体态秀美修长,造型质朴端庄。坯胎由上至下随之加厚,这种重心下移的处理方法使器体保持了良好的稳定性。瓶体由4组双凹线纹分隔为5层装饰带,肩上部及近底部光素无纹,腹部主体纹样为3株折枝牡丹。刻画手法简练明快,有一种粗犷不羁、自由奔放之感,充分显示了金代制瓷工艺的水平。

第三节 宋辽战争与永清边关地道

936年,后唐河东节度使石敬瑭起兵造反,在契丹的帮助下,灭后唐,建后晋。石敬瑭认辽太宗耶律德光为父,自称儿皇帝,并于938年按约定割燕云十六州①给契丹。这就使中原北部地区失去燕山、太行山及长城的屏障，无险可守，门户洞开，辽国的骑兵可以在河北平原任意纵横驰骋。

959年，后周世宗柴荣率军伐辽，收复宁（今天津静海）、鄚（今河北任丘）、瀛（今河北河间）、易（今河北易县）四州和益津（今河北霸州）、瓦桥（河北雄县）、淤口（今霸州信安镇）三关，遂以益津关置霸州，以瓦桥关置雄州。

960年，赵匡胤陈桥兵变，建立宋朝，此后十数年间，太祖皇帝为国家统一南征北战，对辽基本采取了防御的策略。976年，宋太祖猝然离世，继位的太宗皇帝在平定南方、消灭北汉后，于太平兴国四年（979年）亲自率军开启了对辽国的征伐。起初宋军的攻势进展比较顺利，先后收复岐沟关、东易州、涿州等地，很快攻到幽州城下，幽州周边的不少州县相继落入宋军之手。但随着战事的深入，辽国大批援军赶到，在高梁河与宋军展开激战。宋军久攻城不下，身体疲惫，士气低落，辽军内外夹击，宋军大败。这是宋辽之间的第一次大规模战争，史称高梁河之战。

高梁河之战后，宋军调整军务：一是更换将领；二是加强后勤运输；三是调整驻屯部署，如太平兴国六年（981年）三月"以霸州淤口寨为破虏军（后改为信安军），雄州新镇（今属文安县）为平戎军"②，并添置兵丁，以充实戍边军寨实力。这期间宋朝虽无力组织大的进攻，但在边境地区保持着对辽的军事压力，挫败了辽军的数次袭扰，如太平兴国四年（979年）击退辽军对满城的进犯；太平兴国

---

① 又称幽云十六州，指中国北方以幽州（今北京）和云州（今山西大同）为中心的十六个州，即今北京、天津北部以及河北北部、山西北部地区。
② 宋·李焘.续资治通鉴长编[M].北京：中华书局，1979，22：488-490.

五年（980年）击退辽军对雁门关的进犯；太平兴国六年（981年）击退辽军对易州的两次袭扰，太平兴国七年（982年），辽军又在东线的高阳关、西线的三交口及西北方向的府州发动了三线进攻，均无功而返。至雍熙三年（986年），双方均保持了一定的克制，边境出现了短暂的平静。

雍熙三年（986年）正月，宋太宗开启运筹已久的第二次北伐。在战事开始之初，辽军仓促应战，宋军在三条战线上一度进展顺利。西线潘美出雁门西陉与辽军交战，先后进抵寰州、朔州城下，迫使守将投降；东线曹彬取道岐沟、新城、固安，与辽军激战并占领涿州；中路田重进出飞狐口，历经恶战收复蔚州。但很快辽廷就作出了应对，进行大规模部队征召，同时从东北的高丽前线抽调主力西下支援，至三月末四月初，几路援军到位。此时曹彬部"粮匮"，率部退回雄州筹粮，后在宋太宗督促下重新出兵，历经艰辛攻取涿州。但此时萧太后、辽圣宗率援军已到城下，宋军兵士困乏，粮草殆尽，慌乱中再次弃城南撤，在岐沟关等地遭辽军追杀，溃不成军，死伤无数。宋太宗获悉兵败，下令召回曹彬，潘美与田重进退兵还守代州与定州。至此，雍熙北伐以失败告终。

雍熙北伐失败后，驻守代州的潘美、杨业奉命出兵，护送云、朔、应、寰四州军民撤回宋境，由于内部发生矛盾，名将杨业孤军与辽激战，寡不敌众，在陈家谷全军覆没。东线，辽国组织重兵，大举南攻，在君子馆之战中大败宋军，刘廷让部全军覆没，先锋将知雄州贺令图、高阳关部署杨重进均陷于敌而死。辽军乘胜进击，深入祁、深等州，劫掠无数。自此，宋朝丧失了集结大规模机动野战部队的能力，在战略态势上由主动进攻转为消极防御，虽然在唐河、徐河、子汉河、雄州几次战役中取得胜利，但都是局部性的，并且胜少败多。此时，宋军已无力围歼和进击敌人，战争的主动权已然丧失。

宋真宗时，更是以"坚壁清野"为主要战略，力保城池不失，极少出兵作战。辽军采取绕过坚城、长驱直入的策略，河北广大地区屡遭辽军劫掠，损失惨重。宋真宗景德元年（1004年），萧太后与辽圣宗亲率大军南侵，一路势如破竹，攻至澶州城下。寇准反对南迁，坚决主战，并说服宋真宗亲临澶渊城督战，宋军士气大振。辽军此时亦是强弩之末，久攻城不下，遂提出议和。宋真宗贪图苟安，最终以宋每年给辽银十万两、绢二十万匹为条件达成合议，双方以白沟河为界，北宋在雄州、霸州设置榷场，开展互市贸易。澶渊之盟结束了宋辽之间二十余年的征战，此后两国边境长期处于和平状态，促进了民族融合和经济文化交流，宋朝更是利用这长时期的和平与安定，经济和文化发展到了前所未有的高峰，这对中华民族具有积极的一面。

燕云十六州割给辽国后，河北平原失去屏障。早从宋太祖时期起，为阻滞辽军骑兵南下，北宋就在边境上大量建设了以防御林、陷坑、水田、塘泊、方田、沟渠等组合的防御体系。宋太宗在多次用兵失利后，出于防御需要，对这道防御体系进行了修整、加固和扩充。这些附属的军事设施在史书中多有著述，但有一项工程鲜见史书记载，那就是被誉为"地下长城"的宋辽边关地道。

永清县农民在动土时多次发现砖砌古地道，关于地道的传说亦流传甚广，20世纪20年代始就不断有发现，70年代初，在党中央"深挖洞、广积粮"的号召下，多处村庄发现地道，有些村庄的农民还躲入地道进行防空演习。为了对古地道作进一步了解，廊坊市文物管理所、永清县人民政府于1988年12月、1989年3—5月、1989年

10—11月，分三次对地道展开调查。通过调查初步了解到，永清古地道分布在永定河故道以南、永清县的南部和西部，涉及6个乡镇，确认了11个村庄12处地点。为了解古地道的结构、形制及用途，对其中的5处进行了局部清理，并发表简报①。

永清县现存古地道破坏严重，在调查的村子里，拆毁的地道砖随处可见，它们被用来盖房、砌墙、盖猪圈等，有的农民家的房屋全部用地道砖砌成。另外，调查发现的地道多数在村庄内，有的被民房所压，给发掘工作带来了困难。但即便是这样，此次调查和发掘还是取得了不少成果，使我们对地道有了初步的认识。

第一，地道用料统一，砖的大小规格一致，发券整齐，砖砌结构较规整，均由券门、洞体、通道、盲室等组成，分布面积涉及永定河故道西南500多平方千米的地区，相邻的霸州、固安也有发现。这样巨大的工程，只有官方才有财力、物力建造。

第二，地道布局复杂，曲折回转，宽窄不一，洞体高矮各异，呈立体状分布，并设有通气眼和灯龛，多处地道与井相通，便于生活取水。这种坚固、复杂的工程，适合长期活动，可以排除为应对突发事件而修筑。

第三，地道多建在地势较高的地方，地表堆积层中夹杂大量碎砖、瓦砾、瓷片、灰渣，推测这些成组的地道上应有相应的地表建筑作为配套工事。

第四，目前考古调查和发掘的地道均成组分布，远距离是否连接尚待考证。多处地道设有多个出口，四通八达，但总体来看，地道的通道及洞室多较狭小，右奕营地道小洞体高1.4米、宽0.6米，

---

① 廊坊市文物管理处.永清县古地道调查与试掘简报［J］.文物春秋，2000（3）.

券门高度仅有1米；瓦屋辛庄的小洞体高1.15米、宽0.5米，有台阶用于变径，还有类似"迷魂洞"的洞体，应为迷惑、阻滞敌人；瓦屋辛庄的藏兵洞室每间也就2平方米左右。这些地道的特征显然不适合大兵团的隐匿及运动，推测应该是驻守、据点式的地下设施，以防御及躲避敌军进攻为主要功能。

第五，从已发现的地道分布情况看，永清境内的古地道以永清县城为支点，往西南、东南两个方向延伸，西南指向霸州县城，东南指向信安镇，这两个地方正是北宋边关要地——益津关和淤口关所在。这从另一个方面证实了地道的军事价值。

第六，除永清外，雄县在邢村、祁岗等地也发现了古地道[1]，这一带在宋辽时期属于双方长期对峙、攻伐的边关地带，辽军善骑射，往往奔袭掳掠后回撤，宋军在高粱河之战、雍熙北伐、君子馆之战后元气大伤，由战略进攻转为防御。永清及周边地区的地道应为这一时期北宋为了抵御辽国进攻而修建。

除考古调查、发掘外，史志对地道也多有记载。明嘉靖《霸州志》："饮马洞，杨延朗所治，始自州城中，通雄县，每遇虏至，潜以出师，多获隽焉。"民国《雄县新志》："雄城中圆通阁山门前一井，故老相传霸州城内亦有井与此地穴相通，宋初两城守将计军事遣使于穴中往返，外人不知也。"两地的县志不谋而合，不会是凭空虚构。民国初年编印的《新镇县志》[2]："新镇土城为团练使杨延昭所筑，东一里有地洞数十里。"此外还有一份材料是民国三年（1914年）重抄的《杨氏祖谱》，其中有杨延昭"奉上谕密修边关地下战沟"这样

---

[1] 夏清海.河北省雄县祁岗村发现古代地道[J].文物，1984（6）.
[2] 今文安县新镇镇，北宋太平兴国六年（981年）在此置平戎军，景德元年（1004年）改为保定军。

一句记述，该祖谱为杨延昭后裔创修。那么地道的修筑到底和杨延昭有没有关系呢？

　　杨延昭，本名杨延朗，雍熙北伐随父杨业出征，攻打应、朔二州时担任先锋，作战英勇。杨业殉国后，延昭历任崇仪副使、江、淮南都巡检使，崇仪使，后被调往河北边防前线，任保州缘边都巡检使，自此开启了在河北的军事生涯。咸平二年（999年），因守遂城有功授郑州刺史，咸平四年（1001年），在羊山设伏大败辽军，加封郑州团练使。咸平五年（1002年），在驰援保州的战斗中失利，宋真宗念其素来勇猛予以宽宥。咸平六年（1003年），朝廷又任杨延昭为都巡检使，后迁为宁边军部署。景德元年（1004年），率军进入辽境，攻破古城，俘获甚多，因功授保州知州兼缘边都巡检使。景德二年（1005年），升任保州防御使，不久调任高阳关副都部署。杨延昭在屯所任职九年，于大中祥符七年（1014年）卒于任上。这是正史对杨延昭的记载，从中找不到他与地道的相关信息，也许因为地道是秘密军事工程，不便记录在案。

第四节　西永丰辽墓出土木椅与中国古代坐具的演进

　　1999年9月，安次区西永丰村民取土时发现一座砖室墓，廊坊市文物管理处、安次区文物保管所立即对其进行了抢救性发掘[①]。墓葬保存完好，照壁、门墙、墓室内壁用砖砌出柱、枋、斗拱等仿木结构，墓壁、墓顶彩绘壁画。出土随葬品40余件，除精美的辽白瓷

---

　　① 廊坊市文物管理处，安次区文物保管所.廊坊市安次区西永丰村辽代壁画墓［J］.文物春秋，2001（4）.

外，在宋辽家具存世寥寥的今天，木桌椅亦成为研究中国古代家具发展史的珍贵实物资料。

墓中出土椅子2件，均为直靠背，柏木制成，但在细节上有所差异。一件为弓形搭脑，前大边与短抹以格角榫相接，通高70厘米；另一件为直搭脑，前大边与抹头用的是十字头的连接方式，通高65厘米（如图5-9所示）。

图5-9　西永丰辽墓出土木椅

早期的中国没有桌椅，远古时人们多席地而坐，这和当时低矮狭窄的居住空间是相合的。随着社会的发展、礼制的盛行，人们会在地上铺一张筵，筵上铺席。筵的面积大，多用竹编；席的面积小，多用草编。《周礼·春官·序官》："司几筵下士二人。"郑玄注："铺陈曰筵，籍之曰席。"清代学者孙诒让在《周礼正义》中说得更加清楚："筵铺陈于下，席在上，为人所坐籍。"关于坐姿，李济先生在《跪坐蹲居与箕踞》一文中对古人的生活习俗进行探究，提出古人以蹲居（下肢曲折，以膝向上，臀部向下而不着地）及箕踞（臀部坐地，两腿向前平伸如箕状）为最普遍的坐相，而跪坐（两膝向前跪地，臀部放在脚后跟上）是商朝统治阶级的坐姿，并演习成了一种供奉、祭祀及接待宾客的礼仪。周人以礼治国，跪坐更是成为礼教的重要内容。席地跪坐有许多礼俗。人进入室内，要先脱掉鞋子，方能进席跪坐。地面上供就座之处皆铺席，位置要摆放端正，"席不正不坐"①。坐席要讲究席次，依尊卑长幼依次而坐，不得错乱。数人共坐可同席，尊者则独席。坐席双方为表尊敬，要把腰伸直，是谓跽。若幼者对长者、卑者对尊者，自表敬意俯首作揖，或双手下席，则成跪拜之礼，若伏首到地，则称稽首。《礼记·曲礼上》曰"坐毋箕"，指箕踞是一种不尊礼节的坐姿，最为忌讳。

  古时的席多用草编制，常用的有蔺席和莞席。蔺即马蔺，又名马兰。莞即香蒲，所以莞席也叫蒲席。《汉书·史丹传》"顿首伏青蒲上"，指的就是这种蒲席。长沙马王堆1号墓所出遣册中记有"莞席二，其一青掾，一锦掾"，墓中西边箱内的两条草席，以麻线为经，蒲草为纬，其中一条包青绢缘，一条包锦缘，与遣册及《史丹传》所记相符。随着人们对生活品质和身份等级的追求，汉代还出现了新的坐具——床、榻、枰。这里所说的床、榻不是现代意义上的卧具，东汉刘熙在《释名·释床帐》中载："人所坐卧曰床。"宋王观国《学林》亦指出："古人称床、榻，非特卧具也，多是坐物。"《释名》亦载："长狭而卑曰榻，言其榻然近地也。"汉代依然秉持"尊者专席，独榻以示尊敬"的礼仪传统，许多石刻画像中出现仅容一人独坐的小榻。《释名》载："枰，平也，以板作之，其体平正也。"东汉服虔《通俗文》："床三尺五曰榻，板独坐曰枰，八尺曰床。"由此可知，大者为床，小者为榻，更小的仅供独坐的小榻称枰。河南郸城县竹凯店"汉故博士常山太傅王君坐榆"铭石榻长87.5厘米，

---

① 见《论语》卷十《乡党》。

显然不适合躺卧。这时的床、榻也很低，上述郸城竹凯店石榻高19厘米，江苏仪征胥浦西汉平帝元始五年（5年）101号墓出土一件木榻，包括围板通高仅有26厘米。《史记·项羽本纪》载在鸿门宴上，项羽见樊哙闯进军帐，"按剑而跽"，跃然一副跪坐于席，伸直腰背，手按剑柄，随时准备拔剑出击的戒备姿态。古乐府诗《饮马长城窟行》："长跪读素书，书中竟何如"。这里的长跪指伸长身板而跪，以示尊敬。古时所谓"坐""跽""长跪"等，均是指跪坐这一类坐姿。西汉王子渊《四子讲德论》："陈丘子见先生言切，恐二客惭，膝步而前曰'先生详之'。"膝步即膝行，古人跪坐时双膝前行，以示敬意。考古发掘的汉代壁画及画像石上，集会、宴饮、传经讲学等，人们都是席地或在床榻上跪坐（如图5-10所示）。魏晋时期，跪坐之风仍被尊崇，古籍中多有描述。魏初，管宁常坐木榻上，积余年，"其榻上当膝处皆穿"，这便是跪坐的生动描述。东吴朱然墓漆盒上的贵族生活图、长沙西晋永宁二年（302年）青釉对坐书写俑表现的也都是跪坐的形象（如图5-11所示）。但随着玄学的兴起，一批清谈名士及隐者鄙弃世俗，恣情任性，改跪坐为蹲踞。《世说新语·简傲》载：晋文王"功德盛大，坐席严敬，拟于王者，唯阮籍在坐，箕踞啸歌，酣放自若"。此外，未被汉化的少数民族不尊礼教，亦为蹲踞坐姿。

东汉时期，胡床从西域传入我国中原地区。山东长清孝堂山石祠画像石上首次见到胡床的形象[①]（如图5-12所示）。《续汉书·五行志》载：汉灵帝"好胡服、胡帐、胡床、胡坐……京都贵戚皆竞为之"。此后胡床的使用越加广泛，至隋唐在民间得以普

[①] 杨森.敦煌壁画中的胡床家具（一）[J].敦煌研究，2005（5）.

| 历史的印记

图5-10 汉代壁画及画像石上的跪坐形象
1~3.沂南汉墓画像石　4.山东安丘王封村汉画像石　5.河北望都1号汉墓壁画

图5-11 魏晋时期表现跪坐形象的出土文物
1.马鞍山东吴朱然墓出土漆盘　2.长沙西晋青釉对坐书写俑

及,深受世人喜爱。

其实胡床并不是现代意义上的床,《资治通鉴》卷二四二中胡三省注:胡床"以木交午为足,足前后皆施横木,平其底,使错之地而安；足之上端，其前后亦施横木而平其上，横木列窍以穿绳缘，使之可坐。足交午处复为圆穿，贯之以铁，敛之可挟，放之可坐"。可见胡床是两足斜交的折叠凳，就像今天的马扎。河北磁县东魏赵胡仁墓女侍俑（1∶9）[①]、陕西三原唐淮安王李寿墓石椁刻像[②]、敦煌莫高窟420窟隋代"商人遇盗"壁画均出现了胡床的样子（如图5-13所示）。隋炀帝时因忌讳胡人，改称胡床为交床。

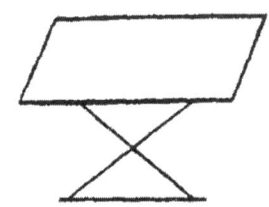

图5-12 山东长清孝堂山石祠石刻中的胡床形象

图5-13 墓葬、壁画中的胡床形象
1.东魏赵胡仁墓女侍俑 2.唐淮安王李寿墓石椁刻像
3.敦煌莫高窟420窟隋代"商人遇盗"壁画

胡床传入以前，我国古代没有凳椅等专门坐具，只有床、榻可

---

① 磁县文化馆.河北磁县东陈村东魏墓[J].考古，1977（6）.
② 陕西省博物馆，陕西省文管会.唐李寿墓发掘简报[J].文物，1974（9）.

卧可坐。从汉代遗留下来的画像石、画像砖和壁画中可以看到，当时床、榻的足极为低矮，适合席地跪坐的礼俗。而胡床的坐法，是臀部坐在床上，垂足踏地，这就渐渐改变了我国古代传统的跪坐礼俗。另外，魏晋南北朝时期佛教大发展，佛教徒结跏趺和垂脚坐，必然影响到世俗。在反佛斗争中，曾有过维护跪坐、反对蹲踞和踞坐的争论，但在那个佛教盛行的时代，这种维护汉人跪坐的呼声起不到多大作用。胡床踞坐的流行，结跏趺和垂脚坐对世俗的影响，各少数民族箕踞坐对汉人的影响，加上玄谈名家和隐士们追求人格独立、潇洒自由而遗弃传统礼法，尽管魏晋南北朝时期汉人在庄严场合跪坐基本上仍占主流，但由跪坐向垂脚坐发展已是无法改变的事实。

　　受胡床和佛教坐具的影响，东晋南北朝时期出现了一种专门坐具——小床，其实就是圆凳、方凳一类的坐具，其体量较小，只容一人，当以垂脚坐为主。除胡床外，还有一种高足坐具的名称常见于文献，这就是绳床。宋王观国《学林·绳床》："绳床者，以绳贯穿为坐物，即俗谓之交椅之属是也。"李白《草书歌行》写道："吾师醉后倚绳床，须臾扫尽数千张。"钱起《避暑纳凉》诗云："木槿花开畏日长，时摇轻扇倚绳床。"可见绳床有两个特性，一是以藤条或绳编织坐面，二是带有可倚的靠背（也可绳编）。绳床在东晋时随佛教传入中原，据《高僧传·神异下·晋襄阳竺法慧》卷十载："晋康帝建元元年至襄阳，止羊叔子寺。不受别请，每乞食辄斋绳床自随，于闲旷之路，则施之而坐。时或遇雨，以油被自覆，雨止，唯见绳床，不知慧所在，讯问未息，慧已在床。"敦煌莫高窟西魏285窟壁画就有高僧坐绳床上禅定的场景。

　　胡床虽然轻便，但在隋唐时代（主要是中晚唐以前）仍不登大雅之堂。唐人室内仍以厚重而位置固定的床、榻为主要坐具，而且仍有跪坐的习惯。但传统家具床、榻由低向高发展的趋势日趋明显，敦煌莫高窟隋代420窟壁画中，维摩诘所坐的床还为传统的低矮样式，至初唐335窟壁画中，维摩诘所坐的床的床足显著增高，到盛唐105窟维摩诘经变画中，高足坐床更为清晰，床足约与人的膝盖等高[①]。除床、榻外，为适应人们垂足高坐，所用的桌子、几案、屏风等家具也同样增加了高度。另外，中唐以后各式高足坐具，绳床、圆凳、方凳、长条凳开始普遍使用，并且出现了一种新的坐具——椅子。

椅子应是由胡床、小床、绳床这类坐具结合改造而来，最初曾有"倚床""倚子"的称呼，唐晚期才有"椅子"的叫法。唐天宝十五载（756年）高元珪墓，墓室北壁壁画中有一男子垂脚坐在椅子上（见图5-14）。敦煌莫高窟唐、五代壁画中也能见到这种椅子。五代著名的《韩熙载夜宴图》中的椅子形制，都有靠背，图中人物在椅子上的坐法都是垂脚坐，只有韩熙载一人盘坐于榻上（见图5-15）。

图5-14　唐高元珪墓壁画

图5-15　《韩熙载夜宴图》线图

① 敦煌文物研究所.中国石窟·敦煌莫高窟[M].北京：文物出版社，2011.

唐、五代时期是汉人席地坐和垂足坐共处的阶段，这一时期，椅子的发展不快，样式也不多。中国椅子的大发展是从宋代开始的。宋代椅子大量进入寻常百姓家，其款式和制作工艺都大有进步，按式样可分为靠背椅、扶手椅、圈椅、交椅、太师椅等，而其中仅靠背椅就有很多种不同的做法。从此椅子成为家具设计的重要组成部分和典型代表，为中国家具史的高峰——明式家具的出现奠定了基础。

古代人们的坐具，由最早的席地而坐，到在低矮的床榻上坐，此前皆为跪坐。由床榻跪坐变为胡床垂脚坐，由坐胡床、小床而演变为坐高足椅子，此时则多为垂脚坐。古人由跪坐发展为垂脚高坐，这种民族礼俗的改变是极其缓慢的。魏晋南北朝是由床、榻跪坐向胡床、小床垂脚坐的发展期，唐、五代是由坐胡床、小床向坐椅子转变的过渡期。北宋末至南宋初，高型家具得到了长足发展，中华民族基本完成了起居方式由席地坐到垂足坐的转变。

西永丰辽墓木桌椅正处在中国古代家具由矮向高发展过渡并日渐定型的时期，低坐家具逐渐退出历史舞台，高坐家具逐渐成为人们生活的主角。整体上看弓形搭脑椅是契丹风格，但坐面框架前部采用的榫卯结构为较成熟的"八"字形格角榫做法，与中原汉人的家具技术联系更为密切。靠背部分用材较细且没有棱角，搭脑两端还作了细化处理，也带有汉人的技术风格。另一件木椅整体看上去是中原汉式，因为它有着较细的用材、较高的靠背和横直的搭脑，但坐面框架前部又有着具有契丹风格的"十"字形骑马榫样式。整体看来这两把椅子是契丹游牧风格与汉族中原风格相结合的综合体，与报告所称"墓的主人应是辽国的汉族人"相符，反映出了北方游牧民族文化与中原汉民族农耕文化相互的交流、融合。

第五节　重要历史人物

吕端（935—1000年），字易直，幽州安次（今廊坊市安次区）人。北宋初年宰相、诗人。

吕端是后晋兵部侍郎吕琦之子，北宋尚书左丞相吕余庆之弟，生于官宦家庭，自幼聪明好学。后晋时以父荫候补千牛备身，后周时任国子主簿、太仆寺丞、秘书郎、直弘文馆，后任著作佐郎、直史馆。入宋后，任太常丞、知浚仪县、通判定州。北宋开宝八年（975年）七月，朝廷授吕端为太常少卿，作为副使出使契丹。同年，知洪州，还未出任，改任司门员外郎、知成都府。

秦王赵廷美任开封府尹时，吕端任判官，后因受牵连被贬为商州司户参军，后调任汝州司户参军，复任太常丞，判太常寺事务。其后出知蔡州，因政绩良好，被官民上奏请求借留一任。后改授祠部员外郎、知开封县，调任考功员外郎兼御史知杂事，后又调任户部郎中、判太常寺兼礼院，再转任大理少卿，不久后拜右谏议大夫。

许王赵元僖任开封府尹时，吕端又任其判官。淳化三年（992年）十一月，赵元僖病死，有人告发其姜张氏做了许多违法之事，吕端因辅助有失，被贬为卫尉少卿。因受太宗赏识，不久后被恢复原职。一个月后出任参知政事，成为副相。

吕端历任朝内外官职，沉稳、镇静、有器量、识大体的吏治才干，日渐为人所知，宰相赵普称赞吕端是做宰相的人才。后来，左谏议大夫寇准也升为参知政事。吕端请求让自己位居寇准之下，太宗马上授吕端为左谏议大夫，位在寇准之上。太宗宠待吕端，常常单独在偏殿召见吕端，二人讨论国家大事。

吕端处事理政才华出众，逐渐为宋太宗所喜爱和重用。早在吕蒙正为相之时，太宗就有重用吕端的想法。在太宗与别人商量，打算任用吕端为相时，遭到部分朝臣反对，他们认为吕端"糊涂"。太宗根据自己多年体察，立即说："吕端小事糊涂，大事不糊涂。"其实这个时候太宗已坚定了任用吕端为相的决心。过后数日，太宗就让吕蒙正改任参知政事，吕端则进官门下侍郎兼兵部尚书，正式出任宰相。吕端拜相时，已年届六十，太宗曾后悔自己对吕端重用太晚。

吕端任宰相后，办事持重稳当，公道而廉洁，深得朝野上下各方面的好评。太宗为了平衡各方面的关系，特别是对寇准的使用，采取了一个临时过渡的办法，让时任参知政事的寇准与宰相吕端"分日押班知印，同升政事堂"。经过一段时间的观察之后，宫内传出太宗的亲笔戒谕："自今中书事必经吕端详酌，乃得闻奏。"这一道谕旨，无疑是太宗对吕端更大的信任和重用，吕端成了名副其实、有职有权的当朝宰相。

太宗病重时，宦官王继恩暗中串联大臣，与李皇后一起谋立太宗长子赵元佐，企图发动政变。太宗驾崩后，吕端扣押王继恩，以太宗立赵恒做太子为依据，和李皇后理论，坚决拥立赵恒即位，是为宋真宗。

真宗继位后，对吕端关怀备至、尊敬有加。遇有奉召到殿中商讨军国大事争论不休的时候，吕端总能说出轻重缓急，很有条理，深受真宗欣赏并被采纳。咸平元年（998年）夏，吕端久病不愈，请求辞去官职，真宗不允，免去其进殿朝见的礼节。同年十月，以太子太保致仕。告假三百日后，真宗仍命有司供他俸禄。之后，真宗亲自探望吕端，当时他已病重，真宗对他倍加抚慰。咸平三年

（1000年）四月初三，吕端逝世，享年六十六岁。朝廷追赠司空，谥号"正惠"，并封妻荫子。

吕端为人处世宽厚沉稳，谦逊礼让，讲义气，轻钱财，政事清明，深受太宗、真宗器重，为北宋前期的社会稳定、经济发展发挥了重要作用，堪称一代名相。毛泽东在评价叶剑英元帅时曾说过这样一句话：诸葛一生唯谨慎，吕端大事不糊涂。形容叶帅是当代的吕端。

韩延徽（882—959年），字藏明，幽州安次（今廊坊市安次区）人。辽代佐命功臣，是契丹最早倡导"胡汉分治"的汉族政治家之一。

韩延徽出身于官宦之家，父亲韩梦殷曾经担任过蓟州、儒州、顺州刺史。少年时便才德出众，时值唐末，割据幽州的卢龙节度使刘仁恭召他为幽都府文学、平州录事参军，供职于祗候院，又授幽州观察度支使。

后梁时，刘守光囚禁父亲刘仁恭，自立为卢龙节度使，派遣韩延徽出使契丹。韩延徽初到契丹面见辽太祖耶律阿保机的时候，不肯行跪拜之礼，惹得阿保机大怒，将他扣留下来派到野外牧马。后在述律皇后的劝谏下，阿保机召韩延徽交谈，非常欣赏他的才华，当下命他为参军事，成为阿保机的重要谋士。在攻打党项、室韦，征服各部落的战争中，韩延徽所出筹谋最多，深得阿保机信任。韩延徽奏请阿保机建立城郭，并加以规划，用来安置归降的汉人；又为这些汉人择定配偶，教他们垦田种地，养活自己，所以很少有汉人逃亡。韩延徽的番汉分治政策，稳定了辽国对所属汉人的统治，有助于生产恢复、赋税增加，对契丹的发展起到了很大的作用。

在契丹居住很长时间后，韩延徽思念家乡，偷偷跑回后唐，后又返回契丹。阿保机问他去而复还的缘故，韩延徽说："忘记父母是为不孝，背弃君主乃是不忠。我虽然斗胆逃走，但我的心却在陛下这里。所以我又回来了。"辽太祖听后大悦，赐名"匣列"（契丹语，意为复来），当即命韩延徽为守政事令、崇文馆大学士，内外大事都要他参与决断。

辽天赞四年（925年），韩延徽随阿保机征讨渤海国，渤海国国王大諲譔投降。不久大諲譔又反叛，韩延徽同众将一起攻破他的城池，因功被拜为左仆射；又与康默记一起率军进攻长岭府，拿下了这个渤海国的重镇。大军回师的时候，辽太祖驾崩，韩延徽非常伤心，悲哀之情感动了左右众人。

辽太宗耶律德光在位时，韩延徽被封为鲁国公，仍任政事令。出使后晋回来后，改任南京三司使。辽世宗耶律阮在位时，升任南府宰相，主持建立政事省。

辽穆宗应历年间，韩延徽辞官。应历九年（959年）卒，追赠尚书令，葬于幽州鲁郭（今北京市石景山区鲁谷），后代世袭崇文令公。

韩延徽历仕辽太祖、太宗、世宗、穆宗四朝。在辽太祖阿保机建国之初，很多事情都在草创阶段，营造城邑、建筑宫殿、正君臣之位、定名分之别、法度井然，都是韩延徽之力。韩延徽倡导番汉分治，这对固国安民、创设法度、完善吏治起了重要作用，为辽的兴盛强大奠定了基础，是辽国的佐命功臣。

苏洵（1009—1066年），字明允，眉州眉山（今四川省眉山市）人。北宋文学家，与其子苏轼、苏辙并以文学著称，世称"三苏"。宋仁宗嘉祐六年（1061年）到文安县担任主簿。

明朝《文安县志》有这样的记载，"洵以本县主簿纂修礼书，教民礼让，劝课农桑，民受其福"。言简意赅，寥寥数语，苏洵在文安的作为跃然纸上。传说苏洵任文安主簿期间，到苏桥一带体察民情，看到文安洼中常年积水，便因地制宜地从其四川家乡引进水稻，广为种植，现在苏桥一带仍流传着插秧歌。他还在大清河上修建了一座木桥，方便两岸居民往来，老百姓为了纪念苏洵，把原来的村庄"八姓庄"改为苏家桥，后简称苏桥。

第六章 京畿辅地

（元 明 清 1271—1911年）

元、明、清三朝均定都北京，廊坊地处京畿，人文荟萃，交通便利，民风质朴，崇文尚礼。原住民众，宽厚包容，极具容纳力和亲和力。明朝初年，十万余外来人口在廊坊落地生根，他们带来的农事经验、手工技艺、文化知识等，在这里沉淀为具有不同区域、不同民族、不同风格的文化遗存。同时，这里又是南方人进京的必由之路，江南文化、中原文化多有积淀，这些都为廊坊的多元文化增添了绚丽光彩。

第一节 建置沿革

元朝初年，废镇安府为信安镇，入霸州。太祖十年（1215年），安次县、永清县、香河县、三河县（隶通州）、固安县（隶涿州）、霸州（辖益津、文安、大城、保定四县）属燕京路总管大兴府。太宗七年（1235年），安次县入霸州。宪宗九年（1259年），固安县入霸州。世祖中统元年（1260年），改安次县为东安县。中统四年（1263年），升东安县为东安州，升固安县为固安州，隶属不变，至元元年（1264年）属中都路大兴府，至元九年（1272年）改属大都大兴府，至元二十一年（1284年）隶中书省大都路总管府。

明洪武元年（1368年），降东安州为东安县，固安州为固安县，省益津县入霸州。三河县（隶通州）、香河县（隶漷州）、东安县、永清县、固安县、霸州（辖文安、大城、保定三县）属山东行省北平府。洪武二年（1369年）改隶北平行省北平府；洪武九年（1376年）属北平承宣布政使司北平府；洪武十年（1377年），省香河县入漷州；洪武十三年（1380年），香河县复置，隶北平府；永乐元年（1403年），三河县、香河县（隶通州）、东安县、永清县、固安县、霸州（辖文安县、大城县、保定县）属北平行省顺天府；永乐十九年（1421年），改属京师（北直隶）顺天府，府治宛平县。

清顺治年间，属京师顺天府，仍治宛平县。康熙八年（1669年），改明朝通蓟道为通永道，置直隶省霸昌道，康熙二十七年（1688年），设四路同知，三河县、香河县属西路厅，霸州（辖文安县、大城县）、固安县、永清县、东安县属南路厅。雍正六年（1728年），霸州由直隶州降为散州（县级），属顺天府。时境域隶直隶省顺天府，治宛平，辖三河、香河、安次、永清、固安、霸州、文安、大城等县。

第二节　重要考古发现

一、元

1271年，忽必烈定国号为元，次年迁都燕京，称大都，廊坊成为京畿之地。元朝时人口大量繁衍，土地广泛开发，水路交通便利，农业、手工业、商业稳步发展。

（一）大运河（廊坊段）

中国大运河是京杭大运河、隋唐大运河和浙东运河的总称，始凿于公元前5世纪，7世纪完成第一次全线贯通，13世纪完成第二次大沟通，地跨南北，沟通海河、黄河、淮河、长江和钱塘江五大水系，历经2500余年的持续发展与演变，是世界上规模最大、线路最长、延续时间最久且目前仍在使用的人工运河之一。2014年6月，中国大运河被列入世界遗产名录。

京杭大运河全程可分为七段：①通惠河；②北运河；③南运河；④鲁运河；⑤中运河；⑥里运河；⑦江南运河。大运河廊坊段属北运河，初凿于元代，是第六批全国重点文物保护单位京杭大运河的组成部分。

大运河廊坊段经北京通州杨家洼村南、桥上村南进入香河县境。东南行到鲁家务东，纳牛牧屯引河，经宋家止务西、孙家务东、王家摆东、甘露寺东、红庙西，过土门楼节制闸，南行吴打庄西，到东双街西出界，进入天津市武清区（见图6-1），香河界内河道全长20.38千米，左岸堤长 23.81 千米，右堤长28.28千米。运河主体及沿岸留下了金门闸、乾隆御题诗石碑、吴打庄与红庙沉船点、王家摆古渡口等文物古迹，形成了以国家级非遗项目安头屯中幡为代表的极具特色的运河文化。

近年来，"通（州）武（清）廊（坊）"通力合作，共同推进大运河文化带、大运河国家文化公园和北运河旅游通航等重点项目建设，北运河以崭新的姿态呈现在世人面前。

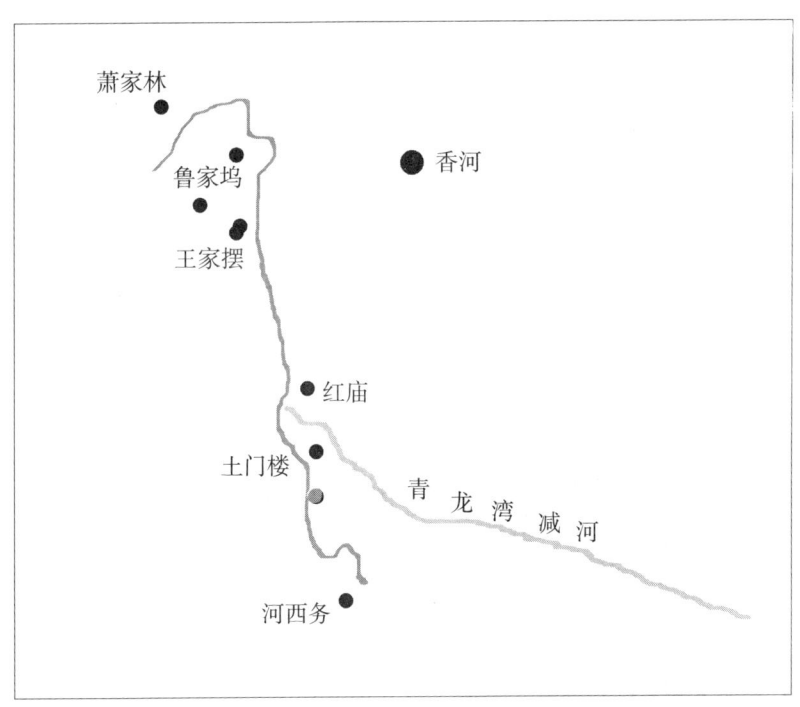

图6-1 大运河（廊坊段）示意图

(二) 霸州城关码头遗址[①]

位于霸州市城关，现城南"护城河"内。1984年发掘，清理出

---
① 苑晓光，陈卓然.霸州元代码头遗址[J].文物春秋，2003（3）.

土大批钧窑、磁州窑、龙泉窑、景德镇窑等元代瓷器，完整及可复原器物500余件。

霸州地处大清河下游白洋淀、东淀之间，古河道众多。《长安客话》《钦定日下旧闻考》等文献载："霸去都近，去海亦近，凡云、朔、恒、代之水，由天津入海者必经流霸出丁字沽。"霸州城关码头遗址出土的大量瓷器，反映了元代瓷器烧造和贸易的繁荣景象，为研究元代水运和商贸往来提供了重要的实物资料。

钧窑天蓝釉碗
元代
高7厘米　口径13.7厘米　底径5.2厘米
1984年霸州市城关码头遗址出土

龙泉窑青釉刻花高足碗
元代
高9.4厘米　口径13.1厘米　底径4.3厘米
1984年霸州市城关码头遗址出土

磁州窑白地黑花草叶纹罐
元代
高9.5厘米　口径7.2厘米　底径6.2厘米
1984年霸州市城关码头遗址出土

（三）桑氏墓[①]

位于广阳区大伍龙村。清理墓葬2座，均为带有两侧室的长方形砖室墓，1号墓券顶，墓门开在南面，墓碑立于墓门前。出土黑陶壶、黑陶香炉、锡壶、铜镜及水晶珠等随葬品；2号墓出土青玉带板、铜壶、铜熏炉、铜镜、铜钱、白釉罐等。

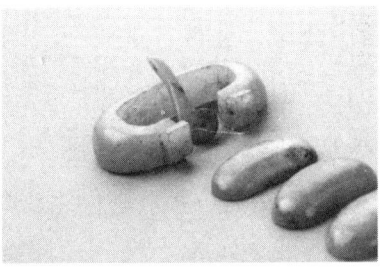

青玉带板
元代
带扣4.6厘米×3厘米　扣舌长2.7厘米　铊尾7.7厘米×2.8厘米
1984年广阳区大伍龙2号墓出土

中国的古人常以长袍束腰带为穿着方式，镶嵌有玉板的腰带称为玉带，玉带上的每块玉板称为玉带板。玉带一般由四部分组成。其一，带鞓，即皮带，也称鞓带。其二，带扣，用以连接玉带两端的构件。其三，铊尾（一说铊尾），也称獭尾，一头半圆、一头平直呈圭形，钉缀在革带尾端用以保护皮革，也兼装饰作用。铊尾与带扣相联系，其数量也相一致。其四，带銙，是钉缀在带鞓上的牌状玉饰，有方形、长方形、圆形、椭圆形、心形、半月形等多种形状，正面常雕有纹饰，也有素面的，背面有穿系用的孔。

春秋战国至秦汉时期，革带上的带饰为带钩。魏晋南北朝之后，

---

① 廊坊市文物管理处，安次县文物管理所.廊坊市安次县大伍龙村元代墓清理简报［M］// 河北省文物考古研究所.河北省考古文集（三）.北京：科学出版社，2007.

带钩的使用渐少，开始在革带上穿缀饰片，玉带开始出现。及至唐代，不仅沿用其制，且非常流行。至明末清初，玉带逐渐消失。

在各类带銙中，玉带的地位最高。《唐实录》载："天子以玉，诸侯、王、公卿、将相之带，二品以上许用玉带。"又载："文武三品以上金玉带，十三銙；四品金带十一銙；五品十銙；六品以犀带，九銙；七品银带；八品、九品输石并八銙；庶人六銙、铜铁带。"《元史》载："百官公服，偏带，正从一品以玉，或花，或素。"这套青玉带板的出土表明了墓主人身份的尊贵。

（四）张白塔墓葬[①]

墓葬位于三河市张白塔村北。圆形砖室墓，墓内发现两具骨架，应为夫妻合葬。出土瓷器、铁灯盏、铜币等随葬品。墓中出土的"白家酒"款四系瓶当是酒具，款铭含义具有明显的商品竞争性质，生动描绘了元代三河商品市场的繁荣画面。

（五）永清县史天泽家族墓地碑[②]

史天泽，元代永清县韩侯乡兴隆里人，自元太祖八年（1213年）随父兄降元，历经太宗、定宗、宪宗时期，"位兼将相，望重四朝"。永清县史天泽家族墓地，因永定河改道作用，现被张四营北街民舍覆盖，仅存三通碑刻露出地表，分别是《史氏庆源之碑》《本朝故北京路行六部尚书史公神道碑铭并序》《义州节度使行北京路兵马都元帅史公神道之碑》，已非原来最初位置。据清《顺天府志》："真定史氏墓，县（永清）西南25里，广袤一顷余，冢以百数，碣今多毁失，仅存四焉。"又清乾隆四十四年《永清县志》："旧志，史丞相天

[①] 河北省文物研究所，河北大学历史系，三河县文物保管所.河北三河县辽金元时代墓葬出土文物遗物[J].考古，1993（1）.

[②] 刘化成.廊坊市永清县发现的史天泽家族墓地碑[J].文物春秋，1995（3）.

泽墓在县西南20里焦堡村，墓前神道碑翰林学士王磬撰，今磬碑已失，仅存史氏庆源碑、秉直神道碑、乾隆四十二年知县周振荣掘地得进道神道碑。"与此次发现相合。三通墓碑的发现，对史氏家族的世袭、姻亲关系等记述较为详明，可补《元史》等史志文献的误漏之处。

（六）其他重要发现

磁州窑白地黑花云凤纹大罐
元代
高44厘米　口径25厘米　底径26.8厘米
旧藏

直口，圆唇，广肩，鼓腹，平底。通体以三道一组的褐彩弦纹隔为三组装饰纹带：颈下部为一周排列规整的直线条纹；肩上绘海水江牙及牡丹纹，为传统纹样中的"落花流水"；器身主体装饰为对称的两面开光，开光内绘两只凤鸟，昂首引颈，双翅平展，凤鸟周围填数朵祥云，两组开光间绘上下对称的草叶纹。整体构图严谨，主题突出，表现手法雄浑泼辣，动感强烈，给人以"凤翔天宇、鸣噪九霄"之感。

磁州窑初创于五代末北宋初，金代中后期达到鼎盛，在器物种类、釉色、装饰技法、纹饰图案方面都达到高峰，磁州窑最具特色的装饰手法——白地黑花也在这一时期发展成熟。元代以后，磁州窑走向衰落，表现为产品种类单调，质量下降，但数量大大增加，销地也更为广泛。该罐正是这一时期的产品，其胎体厚重，胎质粗糙，通体施乳白釉，白中泛黄，光泽较差，釉厚薄不匀，局部出现深浅不一的褐色斑痕，这些均属元代磁州窑产品的特征。但其体形硕大，绘画洒脱飘逸，仍不失为磁州窑产品中的上品。

1970年北京鼓楼中学元大都遗址曾出土一件磁州窑凤纹罐（现藏首都博物馆），形制、主体纹饰与这件罐基本相同。故宫博物院在2015—2016年的考古发掘间，发现了层位关系清楚的故宫元明清"三叠层"，在属于元代的地层中出土了磁州窑瓷片[1]。由此可见，磁州窑除了烧制民用瓷器外，在元代也兼烧制官用瓷器。

二、明

1368年，朱元璋在应天府（今江苏南京）称帝，建立大明王朝。此时廊坊属北平府，是燕王朱棣的封地。朱棣即位后诏以北平为北京，改北平府为顺天府，廊坊属顺天府。明朝时期君主专制空前加强，多民族国家也得到进一步统一和巩固。明代手工业和商品经济繁荣，大量商业资本转化为产业资本，出现商业集镇和资本主义萌芽，文化艺术呈现世俗化趋势。

（一）灵山塔

位于三河市大唐迴村东100米，燕山余脉灵山顶端。塔为砖结构楼阁式实心塔，平面八边形，由基座、塔身、塔檐、塔顶组成，通高13米。基座由须弥座和叠涩覆莲座组成。塔身东、南、西、北四面设假门或假窗，其余各面中央部位镶一方砖，上雕楷书"佛"字。塔檐为冰盘檐，塔顶为攒尖式，塔刹已失。

灵山塔始建于辽，明代曾重修，1998年又进行了维修。现为河

---

[1] 故宫博物院考古研究所.故宫隆宗门西元明清时期建筑遗址2015—2016年考古发掘简报[J].故宫博物院院刊，2017（5）.

北省重点文物保护单位。

（二）何氏墓①

位于安次区西固城村，1957年发现。墓坐北朝南，前室长方形，券顶，墓室东西各有耳室。东耳室里主要是锡制酒器，有壶、盘、耳杯、小碗、盒、酒盅等。西耳室内有砚台一方，铜钱62枚，除一枚为元至正年钱外，其余皆为宋钱。主室出土矾红彩香炉、宣德款青花碗、宋官窑粉青釉碗等瓷器和锡、铜器，此外还有买地砖券两方。从出土的买地砖券文知此墓为明代"都知监"何氏墓。何氏于明英宗正统二年（1437年）十二月卒，正统三年四月葬于顺天府东安县徐村里固城屯广善寺旁。

都知监是明朝内府"二十四衙门"（含十二监、四司、八局）之一，清修《明史·职官三》载都知监设官及职掌：都知监，掌印太监一员，佥书、掌司、长随、奉御无定员。旧掌各监行移、关支勘合之事，后唯随驾前导警跸。明中期以前，由于它职司行移、勘合等要务，曾在内府居于尊崇地位；仁、宣之后，司礼监崛起，都知监丧失了最为核心的文移职权。嘉靖裁撤镇守内官，都知监遭受到更为致命的打击，"预兵"的传统职权仅在警跸、侍卫中保留了残余，逐步沦为与司、局、库等价的次等衙门。

何氏墓出土了红彩缠枝莲托八宝纹三足炉、青花缠枝花卉纹碗、宋官窑粉青釉碗等一批极为珍贵的文物，为明代的"宦官政治"提供了有力的佐证。

---

① 冯秉其.安次县西固城村发现明墓[J].文物，1959（1）.

历史的印记

红彩缠枝莲托八宝纹三足炉
明·宣德
高10.4厘米 口径14厘米
1957年安次区西固城何氏墓出土

直口，圆唇，深腹，圆底下附三蹄足，双附耳。白釉，耳、颈、足部分别绘海水纹、忍冬纹、如意云纹。腹部主体纹饰为缠枝莲托八宝纹。通体纹饰用矾红彩绘制，色彩浓重凝厚，呈暗红色。该炉造型端庄，釉色肥润，绘画朴拙苍劲，是明代瓷器中的佳作。

青花缠枝花卉纹碗
明·宣德
高6.8厘米 口径15.3厘米 底径5.1厘米
1957年安次区西固城何氏墓出土

（三）龙泉寺大殿

龙泉寺位于霸州市信安镇，始建于唐末五代时期，原名龙花寺①。据寺内重修碑记：龙泉寺于金大定二年（1162年）重修，皇帝赐号"普照禅院"。元代改称"龙泉禅寺"，元末毁于战乱。明永乐年间在原址重建，寺号不变，此后明、清两朝多次重修。现寺院古建筑仅余大殿，为明代始建，兼具明、清营造特点。1982年，龙泉寺大殿被河北省政府公布为省级重点文物保护单位。

依霸州旧县志所录龙泉寺鸟瞰图，明代龙泉寺南面为山门，与天王殿合二为一，面阔三间，进深三间，做歇山顶，室内塑有韦驮手持宝杵像，两侧塑四大天王像。山门左右两侧辟有卷棚便门，以备僧侣日常出入。山门往北有一甬路，直通大雄宝殿和后佛楼。甬路两侧有钟鼓楼、水井和厢房、配殿等。后佛楼为重檐歇山顶建筑，下层供佛像，上层储藏经卷，亦为藏经楼。现存大雄宝殿，前出月台，面阔三间，进深三间，单檐绿琉璃庑殿顶，四坡正中以黄琉璃瓦做菱形花心，并以黄琉璃瓦剪边。庑殿顶在宋代李诫所作《营造法式》中称为四阿或五脊殿，是大式做法中最高等的形式，在宫殿庙宇中，只有最尊贵的建筑物才使用庑殿顶。古建筑瓦作，依材料分为两大类，即布瓦与琉璃瓦。其中琉璃瓦是一种特级瓦，寻常百姓不得使用。可见，龙泉寺虽规模不大，但等级是较高的。

1992年，河北省古建所在实地勘测的基础上，对龙泉寺作了整体规划，并对大雄宝殿进行了施工设计。1993年对大殿实施了修复工程，使龙泉寺最大限度地恢复了昔日的风采②。

---

① 张鸿膺.永清县龙花寺刻经碑[J].文物春秋，1998（1）.
② 田林.霸州龙泉寺[J].文物春秋，1995（4）.

（四）其他重要发现

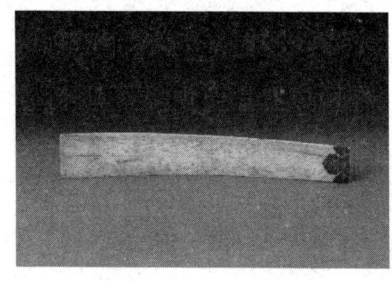

象牙笏板
明代
长47.2厘米　宽4.7~7.8厘米
旧藏

笏即"手板"，亦名"朝笏"，是古代大臣朝会时所执的狭长板子。笏板最初是做记录之用，因那时纸张尚未被发明，人们最方便的记录方法就是将文字写在竹片、木片上。东汉时，随着造纸工艺的不断改进，纸张已逐渐成为主要的记录载体，但笏板并没有退出历史舞台。由于官员长期使用，笏板逐渐成为中高级官员官阶、地位的象征。笏板依官职爵位等级的不同而使用不同的材质，明朝明确规定，一至五品用象牙，五品以下用木。到了清朝，因习俗和礼仪不同，笏就废弃不用了。

天启元年敕命
明·天启元年
长170厘米　宽30.5厘米
旧藏

诰命与敕命是封建王朝实行封赠制度的产物。而封赠是皇帝给予臣僚及其妻室、祖先以官爵或名号的荣典。这种制度很早就有，明清时期发展到顶峰。五品以上授诰命，六品以下授敕命，被封赠的曾祖父、祖父、父的品级与其子孙相同，内外命妇的品级与其夫或子孙相同。关于外命妇的称谓：一品称一品夫人、二品称夫人、三品称淑人、四品称恭人、五品称宜人、六品称安人、七品称孺人。诰敕文书是备受时人重视的，因此写在比较贵重的丝织品上，对其颜色、图案、质地等有严格的规定。

这件敕命为浅褐色织锦，首端竖立两龙纹，两龙之间篆文"奉天敕命"四字，敕命自右至左共36行，末行署"天启元年十一月二十九日"，全文共计345个字。敕命内容为天启皇帝敕封山东济南府德州平原县知县李致敬，敕封其妻刘氏为孺人，成为朝廷命妇。

青花八仙过海图大罐
明·嘉靖
高56厘米　口径26厘米　底径29厘米
旧藏

器身由双弦纹隔为四层装饰带：颈部绘"松、竹、梅"岁寒三友及松枝盘结而成的"福"字；肩饰如意云纹；腹部主体纹饰为八仙人物，八位仙人各持宝物（暗八仙）踏浪过海，各显神通，头上升腾的景云及足下飞溅的波涛与人物情景交融，相得益彰；最下一层为寿山福海、壬字云、灵芝等图案，寓意吉祥长寿。

此罐釉面肥润平整，青花色泽蓝中泛紫，彩度浓腻艳丽，颇具朴实之美。装饰图案疏密有致，饱满而不觉拥挤，人物勾勒线条刚劲流畅。无论从烧造、造型及彩绘各方面均堪称明嘉靖年间民窑青花瓷器中的佳品。

三、清

1644年，清军入关，因地处京畿，廊坊的农业、手工业、商业都得到全面发展。清朝瓷器制造业的发展可谓登峰造极，彩绘瓷、颜色釉瓷、青花瓷等代表了这一时期中国制瓷业的高超技艺，极具艺术价值。

（一）金门闸

清雍正七年（1729年）为减轻水患，开凿了青龙湾减河。乾隆三十七年（1772年）在北运河与青龙湾减河交汇处建造石闸一座，并赐名"金门闸"，有乾隆亲笔题诗一首。

金门闸的主要作用是在汛期调节北运河洪水的下泄流量，使北运河的洪水沿青龙湾减河下泄，以保证北运河河道的行洪安全；在非汛期期间，闭闸蓄水，保证运河水位，满足通航需要，或向下游供水。民国十四年（1925年）改建，整治滚水坝，添置泄洪闸，闸40孔，孔宽8米。金门闸于1974年废，同年重建一闸，名为土门楼泄洪闸。清代金门闸现存南、北两处闸台。南闸台留有清乾隆帝御题诗石碑一通，诗文为："金门一尺落低均，疏浚引河宣涨沦。通策例同捷地闸，大都去害贵抽薪。"

红庙金门闸的营建是我国传统科学技术发展的反映，闸的设计、选址、取材与施工，均体现出当时生产力条件下较高的科学性、先进性。金门闸是北运河上现存重要的运河水工设施遗址，对研究运河史、水利史有重要价值。现为全国重点文物保护单位。

（二）回龙亭碑

原位于安次区调河头乡朱官屯村。阳面碑文记载了自康熙三十七年（1698年）至乾隆三十八年（1773年）70余年间，永定河曾六次改道的水文资料，颂扬了乾隆皇帝南巡路过永定河，以及拨款疏河筑堤的功德。石碑侧面刻有乾隆御题诗一首。现为河北省重点文物保护单位。

（三）其他重要发现

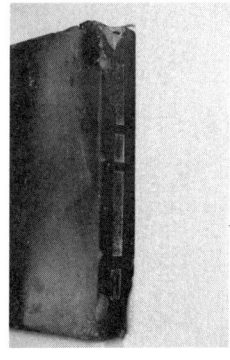

乾隆十六年成造细料金砖
清·乾隆十六年
长55.5厘米　宽36厘米　厚9.5厘米
旧藏

金砖侧面的宋体阳文铭记，详细记录了金砖烧造的年代、尺寸、监造人、烧造窑户。

"金砖"是专门为皇宫烧制的细料砖，因其颗粒细腻，质地密实，敲起来有金石之声，所以叫"金砖"。自明代永乐时期，细料砖均由苏州等五府烧制，因为苏州等地地处大运河旁，土质细腻，澄浆容易，可塑性大，制成的砖质地密实，还可就近利用运河运到北京。金砖的制作从取土到出窑，最少需要一年以上的时间，且二十九道工序环环相扣，一道不到则前功尽弃，以至于民间有"一两黄金一块砖"的说法。

| 历史的印记

道光二十九年石砝码
清·道光二十九年
高38厘米　长73.9厘米　宽49.3厘米
旧藏

石砝码一侧阴刻楷书"清道光二十九年/辅源店/北盐官砝"字样。砝亦称"权""锤",与衡合用以称物平施。此砝码的发现,对研究清代盐政管理及衡制有重要的史料价值。

第三节　廊坊与中国大运河

中国大运河,是指我国自春秋时期开凿邗沟以来,先后在隋、唐、宋时期以洛阳为中心的隋唐大运河、元明清时期以北京为中心的京杭大运河及浙东运河的总称。中国大运河北至北京,南抵杭州,东达宁波,西到洛阳,流经河北、山东、河南、安徽、江苏、浙江六个省和北京、天津两个直辖市,全长3200千米,连通海河、黄河、淮河、长江、钱塘江五大水系,是中国古代南北交通的大动脉,也是世界上最长、开凿时间最早、规模最大的运河之一。

春秋时期,各诸侯国间战争频发。吴王夫差要北上伐齐,称霸中原。吴国地处长江下游,河网密布,优势就是拥有强大的水军和先进的造船、开河、航运技术。北上伐齐需解决军粮及辎重的运输问题,水运是最佳方式,但长江与淮河之间互不相通,要走水上通道,需绕海而行,不仅航程远,而且风浪大,路途危险。公元前486年,吴国利用境内河湖密布的自然条件,分段开挖,把湖泊连接起来。经过两年的施工，到公元前484年，工程顺利完成。吴国大军经过邗沟顺利进入淮水，一举打败齐国。这条运河以邗城为起点，因此被称为"邗沟"。郦道元《水经注·淮水》记："昔吴将伐齐，北霸中国，自广陵城东南筑邗城，城下掘深沟，谓之韩江，亦曰邗溟沟，自江东北通射阳湖，《地理志》所谓渠水也。西北至末口入淮。"说明了邗沟大致的走向。韩江、邗溟沟、渠水，都是邗沟古时的称谓。广陵城、邗城，故址在今扬州市。末口，在今江苏省淮安市北，因此邗沟也称淮扬运河。

邗沟是我国历史文献记载的第一条有确切开凿年代的运河，被认为是大运河的开端。此后，春秋至南北朝时期众多王朝开凿了大量运河，这些人工运河与天然河流连接起来，人们可以由河道通达中国的大部分地区，隋唐大运河就是在这些运河的基础上修建起来的。隋文帝于开皇四年（584年）利用汉朝留下的漕渠，令宇文恺率水工引渭水自大兴城（即长安）东至潼关通黄河，名曰广通渠。开皇七年（587年）循春秋时期吴王夫差的邗沟兴建山阳渎。隋炀帝更是大规模发展运河，《隋书·炀帝纪》载："大业元年（605年）三月辛亥，发河南诸郡男女百余万，开通济渠，自西苑引谷、洛水达于河，自板渚引河通于淮。"通济渠分为三段：西段自东都洛阳西苑，引谷水、洛水，东循阳渠故道入黄河；中段自洛口（今河南巩义市东南）到板渚（今河南荥阳汜水镇），是利用黄河的自然河流；东段起自板渚，引黄河水走汴渠故道，经泗水入淮水。同年又发淮南民十余万人再度修筑山阳渎，不再绕道射阳湖以直达长江。大业四年（608年），隋炀帝诏发河北诸郡男女百余万开永济渠，引沁水，南达于河，北通涿郡。永济渠也是利用之前王朝开凿留下的运河河道与自然水道疏浚而成的。大业六年（610年），隋炀帝对春秋至南朝开凿的运河加以疏浚和拓宽，形成江苏镇江至浙江杭州的江南运河。至此，隋代初步完成了以广通渠、永济渠、通济渠、邗沟、江南运河为连接线，沟通海河、黄河、淮河、长江、钱塘江五大水系，西起京师长安、北抵幽州、南至余杭，全长2000千米的大运河。此后，唐、北宋又对大运河进行了持续的疏浚、修整和开凿，使运河主线及支流得以通行流畅，出现了兴旺发达的漕运事业。

京杭大运河是元代在隋唐大运河的基础上改建而成，把原来以洛阳为中心的隋代横向运河，修筑成以大都为中心，南下直达杭州的纵向大运河，不再绕道洛阳，这大大缩短了航道的距离。京杭大运河按地理位置分为七段：北京到通州区称通惠河，通州区到天津称北运河，天津到临清称南运河，临清到台儿庄称鲁运河，台儿庄到淮安称中运河，淮安到瓜洲称里运河，镇江到杭州称江南运河。

浙东运河又名杭甬运河，是浙江省境内的一条运河，西起杭州，跨曹娥江，经过绍兴市，东至宁波市甬江入海口，全长239千米。运河最初开凿的部分为位于绍兴市境内的山阴故水道，始建于春秋时期。西晋时，会稽内史贺循主持开挖西兴运河，此后与曹娥江以东运河形成西起钱塘江、东到东海的完整运河。南宋建都临安，浙东运河成为当时重要的航运河道。元代至清代，浙东运河仍保持畅通。

2005年12月15日，郑孝燮、罗哲文、朱炳仁联名向运河沿线18座城市的市长发出了《关于加快京杭大运河遗产保护和"申遗"工作的信》，引起运河沿线城市的积极回应。2006年，国务院将京杭大运河整体公布为第六批全国重点文物保护单位。同年底，国家文物局将大运河列入申报世界文化遗产预备名单，大运河项目申遗工作由此拉开序幕。2009年，由国务院牵头，8个省市和13个部委联合组成大运河保护和申遗省部际会商小组，大运河申遗上升为国家行动。到2013年，京杭大运河与浙东运河、隋唐大运河被合并为第七批全国重点文物保护单位"大运河"。2013年年初，国家文物局正式确定首批申遗点段，包括北京到杭州的京杭大运河、河南到江苏的隋唐大运河以及杭州以东的浙东运河。2014年6月22日，经第38届世界遗产大会审议，"中国大运河"跨省系列申遗项目成功列入《世界遗产名录》。

中国大运河开凿始于公元前5世纪，7世纪完成第一次全线贯通，13世纪完成第二次大沟通，历经2500余年的持续发展与演变，在维护国家统一、政权稳定、经济繁荣、文化交流和科技发展等方面发挥了不可替代的作用，它是中国古代劳动人民创造的一项伟大工程，是一部书写在华夏大地上的宏伟诗篇。

廊坊地处华北平原，北倚燕山、西接太行，自古就有很多河流经廊坊境内东流入海。如永定河、子牙河、（古）黄河、白河、拒马河、鲍丘河、洵河等，号称"九河下梢"。而自隋凿永济渠时即经廊坊的霸州、永清达涿郡（今北京），其故道遗迹尚存。宋辽对峙时期永济渠逐渐荒废，被北宋的"沿边塘泺"替代。辽代为加强辽腹地与南京（今北京）的政治、经济联系，也曾利用自然河道疏通、开凿"运粮河"（俗称萧太后运粮河），其主要分布在廊坊的香河、大厂等地；元初，郭守敬对北京周边的河流进行了详细勘察，决定利用北京东部的白河连接南北水运，开凿通惠河，又自山东临清达江苏，这就是今天的京杭大运河。

大运河廊坊段属京杭大运河的北运河，经北京通州杨家洼村南、桥上村南进入香河县境。东南行到鲁家务东，纳牛牧屯引河，经宋家止务西、孙家务东、王家摆东、甘露寺东、红庙西、过土门楼节制闸。南行吴打庄西,到东双街西出界,进入天津市武清区,香河界内河道全长20.38千米,左岸堤长23.81千米,右堤长28.28千米。运河主体及沿岸留下了金门闸、乾隆御题碑、宝庆寺、吴打庄与红庙沉船点、王家摆古渡口等文物古迹和"古渡春荫""西河霄鼓"等运河景致,形成了以国家级非遗项目安头屯中幡为代表的极具特色的运河文化。今天,廊坊与通州、武清通力合作,致力于运河的旅游通航和景观建设。不久的将来,大运河将以崭新的面貌呈现在世人面前。

第四节　重要历史人物

史天泽(1202—1275年),字润蒲,燕京路永清(今廊坊市永清县)人。大蒙古国及元朝初年名将、丞相。

史天泽出身豪族,他身高八尺,声如洪钟,善骑射,勇力过人。元太祖八年(1213年),随父史秉直归降蒙古。元太祖二十年(1225年),接替其兄史天倪河北西路兵马都元帅职,以真定为根据,成为汉人的一大世侯。元太宗元年(1229年),窝阔台汗即位。史天泽任真定、河间、大名、东平、济南五路万户,随窝阔台伐金。

蒙古灭金以后,又将进攻目标指向南宋。史天泽先后跟随皇子曲出、宗王口温不花南征,攻枣阳、襄阳、光州、复州、寿春等地,攻无不克。

元宪宗二年(1252年),蒙哥汗赐史天泽卫州五城为分邑,命他为河南经略使。史天泽到河南后,采取一系列安国养民的办法,不到两三年,河南大治。

世祖中统元年（1260年），忽必烈在开平即帝位，命史天泽到长江中游撤回蒙古军，事毕，改授河南宣抚使，不久兼江淮诸翼军马经略使。中统二年（1261年）五月，史天泽官拜中书右丞相，定省规十条，以保证政务畅通，罢去了一些诸色差役，统一了赋税制度，在一定程度上减轻了农民负担。

中统二年（1261年）十一月，史天泽与各路蒙军合攻阿里不哥于昔木土。中统三年（1262年）春，率军平定山东李璮叛乱。李璮之乱平定后，一些大臣上书，说之所以会发生叛乱，是因为诸侯权力太重。史天泽于是上奏："军政之权不可集中在某一家，请自臣开始实行。"史氏子侄解除兵权者有十七人。至元元年（1264年），加光禄大夫，仍任中书右丞相。至元三年（1266年），改任辅国上将军、枢密副使。至元四年（1267年），改任中书左丞相。

忽必烈在稳定了中原的统治后，继续攻宋，史天泽与驸马忽剌出筹划经略。至元八年（1271年），授开府仪同三司、平章军国重事。至元十年（1273年），与平章阿术等攻破樊城、襄阳。至元十一年（1274年），奉命与丞相伯颜率领大军伐宋，至郢州时因病北还。病重期间，史天泽上奏世祖："臣天年有限，死不足惜，但愿天兵渡江，慎勿杀掠。"至元十二年（1275年）二月七日，史天泽在真定病逝，享年74岁。赠太尉，谥号"忠武"。后累赠太师，进封镇阳王。

史天泽及其家族是蒙元初期河北最大的一支地方势力，汉地世侯的首要代表，为巩固和发展蒙古贵族在中原的统治立了大功。他是忽必烈推行汉法的主要大臣之一，也是元朝唯一官至右丞相高位的汉族显贵。史天泽战功卓著，治政有方，"出将入相五十年，上不疑而下无怨"，人们把他比作唐朝的郭子仪和宋朝的曹彬。

刘体乾（？—1574年），字子元，号清瘿，北直隶东安县（今河北省廊坊市安次区）人。明户部尚书、南京兵部尚书。

刘体乾于明嘉靖二十三年（1544年）考取进士，授行人，改派兵科给事中。司礼太监鲍忠去世，他的党羽李庆替他的侄子鲍恩等八人请求升迁。皇帝已经同意，刘体乾上谏"非有军功，不轻升授"，最后只录用了三人。之后刘体乾转为左给事中。

嘉靖时期，皇帝因财政费用不足，诏令朝廷大臣讨论。大多数人请求追索以往的拖欠，增加赋税数额，唯独刘体乾上奏请求裁减各监局的人员工匠，皇帝听从了他的意见。

刘体乾不断升迁，官至通政使，任刑部左侍郎。改任户部左侍郎，总管仓场。隆庆元年（1567年），提升为南京户部尚书。南畿、湖广、江西的银、布、绢、米累积拖欠二百六十多万，凤阳园陵九卫官军四万人，而仓库存粮不够一个月的储备。刘体乾两次上疏请求皇帝责成有关官吏解决，又分条上书六件事，皇帝都回复同意着办。

户部尚书马森离职后，刘体乾改任北京户部尚书。因清正刚直，性格执拗，穆宗下诏提取库银时，每每上疏争辩，屡逆皇帝心意，被克扣薪俸，剥夺官职。

神宗即位，起用刘体乾任南京兵部尚书。上奏的防务要事，皇帝都依从了。

万历二年（1574年），刘体乾致仕，之后去世，追赠为太子少保。

刘体乾一生经历嘉靖、隆庆、万历三朝，留意于边防松懈、经费贫乏、建言献策，有经邦济世的才略，万历皇帝称赞他"持身耿介，任职清勤"，先后两次派遣顺天府官员谕祭并立圣旨碑，对刘体乾生前的政绩给予了充分肯定。

郝惟讷（1623—1683年），字敏公，直隶霸州人。清初著名的辅政大臣。

郝惟讷是宋末元初著名大儒、政治家、思想家，学者郝经之后，清户部右侍郎郝杰之子。

顺治四年（1647年），郝惟讷考中进士，授刑部主事，再迁郎中。顺治七年（1650年）任福建督粮道佥事。在筹集军粮、支援前线、剿匪安民方面立有大功，选评"卓异"，升调朝中任职。离任福建的时候，百姓流泪送别几十里外。顺治十一年（1654年），任通政司右参议，不久升任太仆寺少卿、通政司左通政、大理寺卿等职。顺治十三年（1656年），升户部右侍郎，后调吏部右侍郎、吏部左侍郎。顺治十六年（1659年），丁父忧。守丧期满，补户部左侍郎。康熙二年（1663年），复调吏部左侍郎。康熙四年（1665年），升督察院左都御史。康熙五年（1666年），任工部尚书，后迁刑、礼、户、吏各部。郝惟讷在朝廷设置的九卿中任过八个卿，六部中任过五个尚书，世称"九卿任其八，六部历其五"。因为他任"六官之长"吏部尚书时间最长，世人称其为"郝天官"。

康熙二十二年（1683年）十二月，郝惟讷病逝，赐谥号"恭定"。康熙皇帝为其敕赐碑文，归葬于故乡霸州市郝青口村。

郝惟讷科举入仕，为官近四十载，深受皇帝倚重和信任，为大清建纲立制，制定多项开创性制度，为清初的社会稳定和发展作出了重大贡献，著有《郝恭定集》。

后 记

在本书的写作过程中，我被祖先们的聪明才智和传统文化的博大精深所感染，也更加深刻地理解了习近平总书记"如果没有中华五千年文明，哪里有什么中国特色？如果不是中国特色，哪有我们今天这么成功的中国特色社会主义道路"（引自2021年3月22日习近平总书记在福建武夷山市考察时的重要讲话）这句话的内涵。同时也引发了我的一些思考，比如考古如何与地质、环境学结合？考古如何与历史、文献学结合？这涉及我们今后工作的方法。更为重要的是，如何把考古成果与当代文化、世界文化联系起来，把中华优秀传统文化发扬光大，使之成为树立民族自信和文化自信、坚定不移走中国特色社会主义道路、实现中华民族伟大复兴的中国梦的思想源泉和精神力量。显然，这是我们今后工作的任务和努力的方向。

2008年，我由廊坊市文物管理处转入廊坊博物馆工作，离开了从事多年的田野考古一线。书中引用的材料多来自已经公开发表的专业书刊。廊坊市近两年做了大量的田野考古工作，一些新的考古成果正在整理编写报告，待将来出版后可作为本书的补充。另外，书中学术观点系个人研究心得，难免会有谬误之处。希望借此抛砖引玉，恳请各位同人讨论指正。

本书在写作过程中，得到廊坊市文物研究所张洪英等同志的热心帮助，提供照片、文字等材料，在此谨致谢忱。

苑晓光

2023年3月